教学的方法
——兼论心理学方法

陈永鸿　著

哈尔滨工程大学出版社
Harbin Engineering University Press

内 容 简 介

经过努力探究,努力寻找,我们找到了教学方法的内在规律,把教学方法总结成科学式教学法、哲学式教学法、艺术式教学法(一)(培养中小学生的教学方法)和艺术式教学法(二)(培养专家或专业人士的教学方法),此外还有一个大学的教学方法。书中还简要论述了与教学方法密切相关的心理学方法。

本书雅俗共赏,受众面很广,中小学生、大学生、专业人士以及大众读者都可以阅读,并从中受益,人们可以把它当成生活小百科,放在身边,随时查阅,随时领悟。它是一套使人变得更聪明的方法,也是一套使人变得更幸福快乐的方法,因为教学方法的本质就是追求快乐的方法。

图书在版编目(CIP)数据

教学的方法 : 兼论心理学方法/陈永鸿著. —哈
尔滨 : 哈尔滨工程大学出版社,2023.6
　　ISBN 978-7-5661-3805-7

　　Ⅰ. ①教… Ⅱ. ①陈… Ⅲ. ①教学法②教学心理学
Ⅳ. ①G424.1②G441

中国国家版本馆 CIP 数据核字(2023)第 112578 号

教学的方法——兼论心理学方法
JIAOXUE DE FANGFA——JIANLUN XINLIXUE FANGFA

选题策划 张志雯
责任编辑 张志雯
封面设计 李海波

出版发行 哈尔滨工程大学出版社
社　　址 哈尔滨市南岗区南通大街 145 号
邮政编码 150001
发行电话 0451-82519328
传　　真 0451-82519699
经　　销 新华书店
印　　刷 哈尔滨午阳印刷有限公司
开　　本 787 mm×960 mm　1/16
印　　张 7.25
字　　数 88 千字
版　　次 2023 年 6 月第 1 版
印　　次 2023 年 6 月第 1 次印刷
定　　价 49.00 元
http://www.hrbeupress.com
E-mail:heupress@ hrbeu.edu.cn

前　言

　　本书前 5 章论述了各种教学方法,它们是一个完整的系列,形成了一个体系。笔者经过深入和系统的研究,发现了通用教学方法的内在规律,提出了艺术式教学法、哲学式教学法和科学式教学法。艺术式教学法又分为适合培养中小学生或普通人(能工巧匠)的艺术式教学法(一)和适合培养专家或专业人士的艺术式教学法(二)。大学的教学方法不是艺术式教学法的第三个版本,而是艺术式教学法(二)的简易版本,因为应用广泛,所以针对大学的教学特点单独列为一章进行介绍。

　　艺术、哲学、科学是人类的三大精神财富,艺术式教学法、哲学式教学法和科学式教学法是笔者在多年教学实践中归纳总结出的,它们体现了通用教学方法的内在规律,不因任何人的主观臆断而转移。

　　本书中艺术式教学法是核心,而艺术式教学法(二)又是最难理解的,哲学式教学法和科学式教学法是辅助。

　　笔者认为中国科学知识的教学方法、西方国家的教学方法和中国传统哲学的教学方法分别是科学式教学法、艺术式教学法和哲学式教学法的特例。

　　在阅读时,读者要先从艺术式教学法(一)入手,然后阅读大学的教学方法,把这两章的思路厘清后,再阅读艺术式教学法(二),把它与前面两章的思路加以对比,就比较好理解了。艺术式教学法(二)是笔者近十年实践与研究的心得体会,很多知识点都是花了很长时间才慢慢领悟出来的,可谓是本书的精华所在,读者可一边阅读一边细细品味。特别要注意该章节中众多的一分为三关系[①],以及该章节中众多的判断和结论。这一章的核心是认知切入部分。

在科学式教学法与哲学式教学法中,笔者应用了图示表示法,用不同的颜色代表归纳方法和演绎方法,来论述归纳与演绎的两种关系:白中一点黑(演绎中一点归纳,见于哲学式教学法)和黑中一点白(归纳中一点演绎,见于科学式教学法)。另外,科学式教学法与哲学式教学法往往是互补的。

艺术式教学法(二)、中小学教学法和大学的教学方法的核心认知切入部分论述了归纳与演绎的第三种关系,介绍了对某个领域的科学知识或某个典型例子(如一篇文章或一首乐曲)的核心部分的理解与认知,既要用归纳(宏观)的方法,又要采用演绎(微观)的方法,即一半黑一半白(一半归纳一半演绎),把两者有机地结合在一起。因此,这些方法体系本质上是归纳式的方法体系。

最后,艺术式教学法(二)、哲学式教学法与科学式教学法形成一分为三关系(这是哲学的一条基本原则),三者相当

---

① 一分为三:本书应用的一种分类、归纳方法。即事物可分为黑、黑+白、白,如硬、硬+软、软;军事(武)、政治(武+文)、外交(文);产(技术应用)、学(教学)、研(基础研究)——基础研究带动教学,教学带动技术应用。一个很大的领域归纳到最后往往就只剩下三部分,而且这三部分中还有一块为"黑+白",即处于中间地带,所以可进一步归纳为两部分,一块黑与一块白,一分为三与一分为二可看作一回事。

于一个黑、一个白、一个黑+白。同时,科学式教学法、哲学式教学法与艺术式教学法(一)也形成一分为三的关系。

　　本书稿阐述了教学的思想方法,建立了较为完整的理论体系,从科学、艺术和哲学的基本原理出发,再逐步加以展开。有一种流行的说法"教无定法",这种说法是不对的。本书回答了教学方法的本源问题,给出了完整的答案,希望为广大教育工作者提供参考。

　　此为一家之言,欢迎来信讨论。著者联系方式:hqu_cyh@163.com。

著　者

2022 年 7 月 13 日

目　　录

第1章

艺术式教学法（一）
——中小学的教学方法

　　从废除私塾，兴办现代教育以来，我国的中小学教育有了长足的发展，中华人民共和国成立后教育迅速普及，改革开放后整个社会从上到下重视教育的发展，进入 20 世纪以后，我国又进行了一系列教学改革，中小学教材的编写水平有了很大的提高，以高考为主的各级考试的命题水平也得到了较大的提高。通过些改革，我国现阶段的教育对于"教什么"已经比较明确了，但是对于"如何教"还比较模糊，尤其是中国传统教育的影响根深蒂固，老师上课往往就是知识的一一罗列，演绎式展开，这既回答不了"怎么样"的问题（知识具体指的是什么，实际指的是什么实验或实践），也回答不了"为什么"的问题（知识的要点，来龙去脉）。

　　而西方国家广泛采用的"归纳式教学法"是片面的，还有一半是空缺的，它不重视知识的传授和学习，只重视归纳式思维方法的培养。

　　为了弥补东西方教育方式的缺陷，必须提倡归纳式传授和学习知识的教学方法。本章以归纳式传授知识为基础，提出了一种艺术式教学法，并简要说明了如何将其应用于实际的中小学教学中。

1.1 中国传统教育的弊端

演绎式教学相当于手把手教学生,对初学者有很好的效果,是培养普通学生的有效方法。但是如果过多地陷在细节里面,不重视归纳式教学,不讲述知识的要点,不讲述要点具体指的是什么,这就是所谓的"满堂灌""填鸭式"教学。

中国传统教育的源头在儒家思想,儒家思想不重视归纳式教学,只重视演绎式教学,而且是一味地"填鸭式"教学。儒家思想对中国传统教育的负面影响大致体现在以下六个方面。

(1)轻视劳动,脱离生产实际,脱离实践(实验)。

(2)教育过于死板。"填鸭式"的学习方法令学生苦不堪言,学习已经不再是满足学生求知欲的合理途径,而是令学生感到压力重重的包袱。

(3)教育的出发点是顺从,所以不鼓励创新。中国的传统教育首先意味着对权威的顺从,在这种教育制度下学生只能去想老师教过的知识,老师没教过的知识是从来不敢想的。

(4)课业负担过重,危害学生身心健康。大量的作业无法令学生爱上学习,只能让学生厌烦学习。

(5)读书学习带有很强的功利性,严重扭曲了教育的意义。学生读书已经不是出于好奇心、对真理的追求,以及满足自己的求知欲,而是为了考出好成绩,将来能考上好大学,毕业后能找到好工作,甚至为了升官发财。

（6）学生缺乏学习的目的和动机。很多学生从小就被强迫着去学习很多东西，却不知道为什么而学。努力而盲目地学，仅仅是为了考出好成绩，得到父母和老师的表扬、同学的羡慕。慢慢地在学生的意识中就形成了这样一种错误的学习意识——为了考试而学习，为了虚荣而努力。

1.2　西方教学方法体系

1.2.1　认知切入

对某个领域的科学知识或某个典型例子（如一篇文章或一个故事）的核心部分的理解与认识，既应采用归纳（宏观）的方法，又应采用演绎（微观）的方法。

1. 在实践（实验）方面的感性认识（语义部分）

（1）在宏观和空间上，老师不知道向学生讲授静态空间描述的核心部分；在微观和空间上，老师不知道向学生讲授某个领域知识（某个典型例子）的静态空间描述的核心部分具体指的是什么，即不知道静态空间描述的核心部分与实际实验现象匹配的细节。

（2）在宏观和时间上，老师知道向学生讲授实验过程的主要步骤；在微观和时间上，老师知道向学生讲授实验的具体过程，重视向学生演示实验的具体操作，学生也重视参与实验的具体细节，即老师与学生知道实验过程的主要步骤与实际实验现象匹配的细节。

以上可参见第 4 章和第 5 章中对应的感性认识部分。

2. 直接理解与认识(语义与语法部分)

(1)思维方面:在宏观、时间与空间上,老师懂得告诉学生要采用宏观的归纳方法学习知识,在归纳过程中,能够抓大放小,抓住要点,有意忘掉烦琐的细节,把力用到点子上;在微观、时间与空间上,老师不懂得告诉学生要多次慢慢地通过琢磨、推敲、品味、体会、感受、猜测或欣赏(采用微观的方法)抓住知识的要点(重点、关键点、本质)。

(2)知识方面:在宏观、时间与空间上,如何判断所归纳出来的东西就是要点呢?要点一定是简单、合理、恰如其分、规范、标准、完整、系统甚至美观的,其中简单和合理最重要。老师不懂得向学生讲授这些。在微观、时间与空间上,老师和学生懂得抓住可能不成熟的知识要点,知识要点也能满足具体、实际、清晰和确定的要求。

3. 更深层次的理解和认识(语义、语法与语用部分)

对于一个不是由零碎的知识点所组成的成体系的领域来说,核心知识必蕴含语义上立体的动态体系结构或语义匹配、语法上的一分为二[①]和语用上的一分为三。对于语用,西方的辩证法没有一分为三,老师不可能向学生讲授此点,不论是归纳角度在语用上一分为三的整体结构,还是演绎角度

---

① 一分为二:本书中应用的一种分类、归纳方法。即事物可分为黑与白,如柔和刚(以柔克刚)、东和西(声东击西)、实和虚(避实击虚)。《道德经》《孙子兵法》《三十六计》中的内容很多就是以这种方式分类、归纳的。西方哲学(如马克思主义哲学)称这种方法为辩证法。

用一分为三在三个方面(应用场合)严格推导。至于语法,在归纳角度上,老师懂得用逆向思维启发学生的思路;在演绎角度上,老师也懂得教授学生用一分为二的方法在相反的两种条件下严格推导,一步步进行空间分类,或一步步按时间顺序跳转。至于语义,在归纳角度上,老师一知半解,仅可能知道核心知识的基本意思和内涵,只有一个空壳,比较虚空,不知道其中的丰富内涵,不知道其中蕴含的立体的动态体系结构;在演绎角度上,老师也是一知半解,勉强自圆其说,仅在表面上说得通即可,回避了严格的推敲,老师不知道由核心知识出发,由上一步严格推导(语义匹配)出下一步,从而一步步推导出结论。

总体来说,西方国家的老师和学生重视实验过程的演示,而且也能抓住主要步骤。他们重视采用宏观的归纳方法学习知识,在归纳过程中,能够抓大放小,抓住要点,有意忘掉烦琐的细节,把力用到点子上,也能抓住可能不成熟的具体知识要点,但可能只是大致说说,并没有吃透,也不细究。他们不懂得语用上的一分为三,只懂得语法上的一分为二,对语义一知半解。

1.2.2 心理切入

1. 归纳角度

(1) 自信心(胆量)

知识的要点应当简单、通俗易懂,一些老师能尽量简单明了地讲解,便于学生理解,以此培养学生的自信心(胆量)。

一些老师和家长懂得多表扬学生,每当学生取得一点小进步或学会了一点简单的知识,就要大加表扬。对于成绩差的学生,在表扬后指出学生没学习好是因为懒惰,这会起到极大的促进作用。学生可能就会喜欢上学习,从此改变其一生的命运,最后也可能会成为杰出人才。对于成绩好的学生,表扬可进一步激发其自信心,让他们在遇到困难时能自尊、自信和自强,相信自己一定行,困难只是暂时的。最后,一些学生之间有竞争关系,学生需要竞争的勇气;一些学生之间有友好合作的一面,不但自己能努力做好,还能为别人做好而感到高兴,同学之间互帮互学,互相探讨问题;一些学生之间还能相互关爱,在可能的情况下,帮助学习比自己差的同学。这些对培养自信心都是有帮助的。

(2)兴趣

知识的要点应当形象化(几何化)和动态化,即形象生动,具有立体的动态体系结构。一些老师能尽量多讲实验,多举例子,多用直观的图示,把知识要点形象化(几何化)和动态化,以此培养学生对知识产生兴趣,使学生乐在其中。一些学生自己在学习时也能注意这一方面,以此培养自己的想象力和对知识的兴趣。这是针对中等程度的学生的教学方法。

(3)好奇心(童心)

知识的要点也应当是深奥的,一些老师能娓娓道来,引人入胜,一些老师在课堂上碰到难点时能经常向学生提问题、自问自答或与学生讨论问题;一些学生对所学的知识具有好奇心,能发现问题,提出问题,刨根求底问个为什么,看它"葫芦里卖个什么药"，想"扒开"看知识（要点）里面到底是什么，其更深层次的原因是什么，进一步归纳得到更上一级的要点、关键点、重点和本质。这是针对好学生的教学方法。

2. 演绎角度

老师需要知道另外三种相反的消极心理的存在，包括谨小慎微（自卑、胆小）、厌倦和习以为常（骄傲自满、不屑一顾）。对事物的未来认识来说，它们起到反作用，西方的老师和学生很容易错误地认为这就是三种消极心理的空间适应范围。实际上，对事物的旧有认识来说，它们起到积极作用。

1.2.3　理想切入

1. 归纳的角度

老师只懂得笼统要求学生在时间上持之以恒地追求理想，要有毅力，勤奋刻苦，至于具体怎么做、具体有些什么规律，老师并不明白。

2. 演绎的角度

老师喜欢告诉学生在各个方面要脚踏实地，一步一个脚印，不要好高骛远。但如果不懂得节制，没有明辨能力，过分地安于现状，沉溺其中，就成了漫无目的，做一天和尚撞一天钟。如何掌握好这一尺度，具体怎么做、具体有些什么规律，老师并不明白。

1.3　西方教学方法的弊端

采用辩证法,对照上述内容,我们下面系统而严密地指出西方教学方法的弊端。总体来说,西方教学方法在认知切入、心理切入和理想切入三个方面都存在弊端。

1.3.1　认知切入

由 1.2.1 认知切入部分可知,西方的老师只掌握了认知切入的一半。

虽然西方的老师鼓励学生自己动手做实验,以此培养学生的动手能力,但是他们着重于实验的活动过程,老师不懂得告诉学生静态空间描述的核心部分,而且也不懂得告诉学生它具体指的是什么,以及它与实验现象匹配的细节。因为缺乏对静态空间描述的核心知识的感性认识,这种动手能力是贫乏的,经不起推敲。

虽然重视采用宏观的归纳方法学习知识,在归纳过程中,能够抓大放小,抓住若干个可能不成熟的具体和清晰的知识要点,但是老师只是大致说说,并没有吃透,也不细究,对知识的要点并没有系统而深入的掌握,老师不重视对旧有知识的系统的传授,学生也不重视对旧有知识的系统的继承和学习,没有对基础知识的理解和继承的创造力和想象力,这种能力是贫乏的,经不起推敲。

西方的学者和老师对辩证法并没有系统掌握,西方的辩证法中没有语用上的一分为三。另外,对核心知识所蕴含的语义上立体、动态的体系结构和语义匹配一知半解。

1.3.2　心理切入

1. 归纳角度

西方的老师尽管懂得培养学生的好奇心、兴趣和自信心，懂得三种心理的实质内涵，但是还有一点欠缺，即不知道三种心理的实施过程。西方的老师和学生掌握了心理切入的归纳角度的大部分东西，这有些类似于辩证法中的白中一点黑。

首先，他们并不懂得把自信心（胆量）、兴趣、好奇心（童心）串在一起，这三点的顺序应是先有自信心（胆量），再有兴趣，最后才有好奇心（童心），这是青少年的心理发展过程。而专家（或专业人士）的心理发展过程正相反（详见3.2.2心理切入中的相应部分），这三点的顺序是先有好奇心（童心），再有兴趣，最后才有自信心（胆量）。

其次，对学习失去自信心、兴趣或好奇心的学生，也就是所谓的"问题学生"，如何帮他们走上学习的正轨，养成良好的读书习惯，西方的教学法中并没有有效解决此问题的办法，才导致了大量"问题学生"的出现。当然，广义上，"问题学生"不止这一种，还包括认知切入有问题和理想切入有问题的学生，可以根据他们的情况，参考1.4中的认知切入和理想切入的相应部分有针对性地处理。应该说，矫正对学习失去好奇心的学生较易，矫正对学习失去兴趣的学生次之，矫正对学习失去自信心的学生要难一些，要多花些时间。

（1）对学习失去自信心的学生的问题根源

学生主观上认为在学习上一塌糊涂，而实际上在学习上是黑中一点白。

①学生内在问题根源的解决

老师和家长要努力、细心地寻找学生的闪光点,针对学生的闪光点加以表扬,同时指出学生没学习好是因为学习懒惰。西方的老师和家长更多的可能是泛泛地表扬,即白中一点黑。

②外界的帮助

学生既然已经失去学习的自信心,就不能再让学生孤独地学习,要请家教老师长时间辅导,有条件的家长可长时间陪伴小孩读书,以此慢慢培养学生的自信心。西方的老师和家长并不知道这些,只知道学生有问题要去问老师这一点,即黑中一点白。

③其他辅助办法

老师和家长要把知识讲得通俗易懂,这是培养所有学生的自信心的通用办法。还要辅助采用认知切入抓要点的办法,让学生掌握学习的正确方法,让学生发现学习原来并不是一件苦差事;辅助采用心理切入的培养兴趣和好奇心的办法;辅助采用理想切入的办法,帮助学生树立起理想和目标,榜样的力量是无穷的,这也要切合实际,最好拿身边学习较好的同学做榜样。

(2)对学习失去兴趣的学生的问题根源

学生在学习上是一半黑一半白,学生在课内的学习上一塌糊涂,而在课外学习业余爱好时却如鱼得水。

①学生内在问题根源的解决

老师和家长要把学生课内学习上的缺陷与学生的业余爱好融合起来,两者合二为一。例如,有一个学生物理学得一塌糊涂，而在游戏、动漫、电视连续剧、中国象棋和篮球上却如鱼得水，要如何解决学生的内在问题根源呢？可先将物理分成三大块：物理实验、物理知识和习题。告诉学生物理实验的学习如同玩游戏，每个章节的物理知识的学习如同每一集动漫和每一集电视连续剧的播放，而解答每个习题如同下中国象棋和打篮球，详细解释见 1.6 节。西方的老师和家长知道学生在这两方面的学习情况，但却把学生在这两方面的学习割裂开来，并不知道把这两方面联系起来，即白中一点黑。

②外界的帮助

中小学生很多还不懂事，老师和家长跟他们有时是没办法讲道理的，必须采用强制手段，严格要求才行。为了让他们走上学习的正轨，养成良好的读书习惯，老师尤其是家长每天都要很仔细和具体地提出学习上的要求，如几点吃饭、几点休息、几点玩耍、几点学习和作业是否完成（家长不用管作业如何做），天天如此，要花较长时间才行。

有很多家长和一部分老师容易犯两种错误：第一，失去耐心。培养学生的学习兴趣需要时间，需要一个过程，绝非一蹴而就之事，而且平时经常管教学生本来也是家长和老师应尽的责任，如果长时间放任，那就要用长时间的管教来补偿。第二，粗暴地采用精神上惩罚学生或肉体上惩罚学生的办法。体罚学生伤身体暂不说，关键是这两种方法会严重地伤害学生的自信心，如果学生失去自信心，就会躲避老师和家长，躲避学习，由于处在青春期叛逆，学生又会产生抵触心理。老师和家长在少数情况下可以采用另一个办法代替，即把学生的位置放低，用一个较高的目标或榜样给学生带来压力,这种办法能够解决短期问题,但是无法解决长期问题,即使学生因此暂时认真学习,也只是被动地学习。

对于初中和高中学生,可以讲一些道理,要把学生的位置抬高,让学生明白肩上的责任,这个责任要是具体的、实际的、学生担负得起的,而不是上升到国家和社会层面的日常生活中较少涉及的责任,学生才会主动地承担责任,主动去学习。

严格要求学生只发生在学生不喜欢学习、贪玩且讲道理无效时,不应该滥用,对想学习的学生(尤其是学习程度低的学生)增加课业负担、对学生施加精神上和肉体上的惩罚,都是滥用的表现。西方的老师和家长往往忽略严格要求学生,过于倾向于跟学生讲道理,中国的老师和家长有时是滥用了这一点,西方的老师和家长是不会滥用的,即黑中一点白。

③其他辅助办法

老师和家长还要把知识讲得生动形象,引起学生的学习兴趣,这是培养所有学生的学习兴趣的通用方法。

(3)对学习失去好奇心的学生的问题根源

学生在学习上是白中一点黑,表现为自认为全部都懂,对一切习以为常,对什么都不加以怀疑,因而骄傲自满,失去了好奇心,失去了对知识或事物认识的敏感性,对知识或事物认识的关键点、重点和本质缺乏钻研,还停留在表面的认识上。这点与自信心和兴趣的缺失形成一分为三的关系。

①学生内在问题根源的解决

通过归纳抓住知识或事物认识的关键点、重点和本质,要谦虚谨慎,要像小孩子一样探求其根源,刨根求底问个为什么,探求其更上一级、更根本的东西。骄傲自满的学生更多的可能只是抓住知识或事物认识的表面,没有好好地归纳,没有抓住知识或事物认识的关键点,即白中一点黑。

②外界的帮助

老师和家长要主动给学生设计整个认知活动过程,要主导学生的认知活动,不断向学生提出本质的问题,提根源性的问题,要切中问题的要害。而且提问题的过程要由近到远,由浅到深,环环相扣,循序渐进,直达问题的根源。在启发引导学生的过程中要有耐心,以此慢慢培养学生探求问题本质和根源的好奇心。西方的家长和老师只是知道他们要问学生问题,但对于提什么样的问题及提问题的过程缺乏了解,即黑中一点白。

③其他辅助办法

为了培养所有学生的好奇心,老师和家长还要把知识讲得奥妙无穷,引人入胜。

人们在从事一个领域的事情时,也可能会有这三种心理问题出现。失去自信心者,可以几个同伴合作;失去兴趣者,要抬高自己的位置,明白自己肩上担负的责任,就会主动去做事;失去好奇心者,要放低自己的位置,谦虚地向有经验的人请教。

2. 演绎角度

尽管老师知道另外三种相反的消极心理的存在,包括习以为常(不屑一顾、骄傲自满)、厌倦和谨小慎微(胆小、自卑),但是不知道这三种消极心理的空间适用范围,有些类似于辩证法中的黑中一点白,西方的老师和学生没有掌握心理切入的演绎角度的大部分东西。把归纳角度和演绎角度两方面合在一起就形成了有些类似于太极图的关系。

1.3.3　理想切入

1.归纳角度

对照 1.2.3 理想切入的归纳方面可知,西方的老师没有掌握理想切入的归纳方面的大部分东西。这就是辩证法中的黑中一点白。

2.演绎角度

事物的旧有认识有时能提供一些解决新问题的思路,能起到启发作用,但往往过于陈旧,不适应事物的发展变化,如果不懂得节制地使用,没有明辨是非的能力,死抱着错误的旧有认识,没有任何好处,只有害处。这种害处经常是长期的,甚至是终生的。这就是辩证法中的白中一点黑。

上述两方面形成了像太极图一样的关系,综合上述两方面可知,这些情况直接导致一些西方的学生(包括大学生)缺乏理想、目标和追求,显得幼稚,甚至出现心灵空虚、思想颓废、精神萎靡不振、及时行乐、今朝有酒今朝醉的心理状态。

1.4　艺术式教学法(一)体系

1.4.1　认知切入

对某个领域的事物,对中小学生指的是某个领域的科学知识或某个典型例子(如一篇文章或一个故事)的核心部分的理解与认识,既采用归纳(宏观)的方法,又采用演绎(微观)的方法(关于认知切入如何把对某个领域的具体情况的旧有认识与新的认识结合起来的问题,这里省略,详细请参见第3章的认知切入部分)。

1. 在实践(实验)方面的感性认识(语义部分)

阅读某领域教科书,同时观察实验(实践),老师向学生讲授(或学生自己搞清楚)静态空间描述的核心部分,以及它具体指的是什么、它与实际实验现象匹配的细节。另外,还要抓住主要的实验步骤,并搞清楚它们具体指的是什么(细节)。

2. 直接的理解与认识(语义与语法部分)

一方面,多次慢慢地通过琢磨、推敲、品味、回味、体会、感受、猜测或欣赏(采用微观的方法)抓住教科书中知识的要点(重点、关键点、本质)。前面这几个词都是近义词,之所以罗列出来,是因为归纳过程是需要训练的,明白前面这些词,有助于更准确地、更快地掌握这一能力,在告诉学生这些词时,要结合具体知识,另外要告诉学生,这些词都是"快乐的"词,不是"痛苦的"词,因为学习是快乐的事,不是痛苦的事。如何判断所归纳出来的东西就是要点呢? 宏观上,要点一定是简单、合理、美观、恰如其分、标准、规范、系统和完整的,其中简单和合理最重要。

另一方面,重视采用宏观的归纳方法学习知识,在归纳过程中,要抓大放小,抓住要点,有意忘掉烦琐的细节,把力用到点子上,从而搞清楚知识要点。微观上,知识要点一定是具体、实际、清晰和确定的。

在传授学生知识的要点时,要同时告诉学生上述方法,使得学生能触类旁通,不但掌握了知识的要点,而且也掌握了学习的方法;在学生自己学习时,在学习了复杂知识的要点后,也要反思,总结经验,对照上述方法,进一步加以领会。一句话,在学习知识时,也要同时学习方法。这同样适用于其他情况。

3. 对它们的更深一层的理解和认识(语义、语法与语用部分)

一方面,采用归纳(宏观)的方法,其中必蕴含语义上立体、动态的体系结构,语法上一分为二的整体结构和语用上一分为三的整体结构。另一方面,采用演绎(微观)的方法:语义上,由核心知识出发严格推导其含有的语义结构,由此推导(语义匹配)出下一步,这个语义结构决定了由初始条件一步步严格推导出结论;语法上,用一分为二的方法在相反的两种条件下严格推导,一步步按空间分类,或按时间顺序跳转;语用上,用一分为三的方法在三个方面(应用场合)严格推导。参见第4章和第5章的相应部分。

因为只有少数人对某个领域的核心部分的理解与认识达到了这一层次,因此该方法只在少数情况下适用。除了语文教学和政治教学中有时会用到,一般不适合培养中小学生的能力。

1.4.2 心理切入

1. 归纳角度

参考 1.2 和 1.3 所论述相应的两方面。

2. 演绎角度

教师需要知道还有另外三种相反的消极心理的存在,包括胆小(自卑、谨小慎微)、厌倦和骄傲自满(习以为常、不屑一顾)。对事物的未来认识来说,此时应该尽量采用另外三种积极心理(自信心、兴趣与好奇心),此处三种消极心理起到反作用,这实际上是搞错了三种消极心理的空间适用范围。对事物的旧有认识来说,实际上这三种消极心理是必需的,而且是完全起到积极作用的,事物的旧有认识就是此三种消极心理的空间适用范围。这三种消极心理与理想切入的演绎部分相结合,对它加以节制。对安于现状要加上过滤网,即对事物的旧有认识要加上过滤网,以防玩物丧志;不要对眼前什么东西都有好奇心,要经常带有习以为常和不屑一顾的心理;不要对眼前什么东西都感兴趣,要经常带有厌倦的心理;不要对眼前的任何东西都信以为真,过于自信,要经常带有谨小慎微的心理。

1.4.3 理想切入

1.归纳角度

（1）从时间角度看

①树立远大的理想与目标

要告诉学生未来是美好的,要让学生树立理想、目标和追求。有了目标,这只是主观的愿望,还要有客观的行动,但没有了目标,就什么都不用谈,正所谓"哀莫大于心死"。要结合课本知识的学习,介绍一些名人成才故事,因为榜样的力量是无穷的。要注意以下几个方面。

第一,理想、目标和追求要符合实际,在可行的前提下,目标定得越高越好,可一旦脱离了实际,很可能会摔倒。

第二,要与时俱进,不同时期要有不同时期的目标,这样才能不断催促自己进取,而且这一个个目标应该在同一条线上,在实现了一个目标后才考虑下一个更大的目标。这样做有两个好处,一是效率高,减少做无用功;二是避免一下子定一个过大的目标,很难完成让人望而却步。

第三,目标定得越高,越要长久坚持,两者要匹配。

②从小事做起

在开始起步时,要脚踏实地,从小事做起,要认真做好"学徒工拧螺丝"的工作,要"顶天立地"。

③持之以恒

前面说的只是表面现象,持之以恒才是问题的本质。要让学生持之以恒,有毅力,百折不挠地追求目标。千万不能急躁,要耐得住寂寞,要把目标"偷偷地"埋在心底,急功近利只会昙花一现,像肥皂泡一样破灭。如果目标过大,而且急于实现,就会摔倒,会严重打击自信心。中国有句俗语叫"磨刀不误砍柴工",还有另一句俗语叫"厚积薄发",要把必要的心理状态调整好,要学习、研究和总结学习知识的方法,要把知识的方方面面都搞清楚,认知切入、心理切入和目标切入三个方面都需要,绝对不能狭隘地限制在学习知识这一个方面,必要的话要使用艺术式教学法(二)(详见第3章),要慢慢地积蓄势能,使目标的实现顺理成章、水到渠成、理所当然。

（2）从空间角度看

要把精力用到空间中的一个点上,此点与目标密切相关,学习和做事要专心致志、聚精会神,如果分心到别的事情上,学习效果肯定差,而且久而久之,还有可能陷入玩物丧志的泥潭而不能自拔。

（3）从实质内涵角度看

①从辩证法角度看,最大的就是最小的,一定要明白每个人的贡献在时间长河上只是一个点,在空间上只是一个局部,或者从实质内涵上看还很肤浅,即使再伟大的人,也是这样;②这个目标从更长远角度看,还只是比上不足,比下有余;③这个目标从空间上看即使再大,也要缺一个角,哪怕没有也一定要人为制造这个缺口。通过以上三种方法,就可以把理想和目标平凡化和通俗化。越接近目标,越要谦虚谨慎;即使到达顶点,也不能久留。因为人的思维是动态的,在顶点滞留太久,就会沾沾自喜、骄傲自满、忘乎所以,就会爬得越高,摔得越惨,走向事物的对立面,要坚决离开这里,从零开始,另外开辟新领域。

2. 演绎角度

老师和学生要关心事物的旧有认识,这是登山的台阶,过河的桥梁,对通向理想和目标有很大帮助。具体要分成以下三个方面:①时间方面,尽量涉猎事物的最新时刻的旧有认识,它们是由最早时刻的旧有认识的分叉路(像一棵树一样)形成的,有多个版本,本质上这一点是演绎方式;②空间方面,要专注于对事物的最新时刻的旧有认识(归纳),到处随机查找,所涉猎的范围尽量广泛(演绎),本质上此点是一半归纳方式,一半演绎方式;③实质内涵方面,最大的就是最小的,要看到伟大和高贵的东西的平凡和通俗的另一面,要对事物的最新时刻的旧有认识从伟大和高贵中明辨出平凡和通俗的另一面,不要沾沾自喜、骄傲自满、忘乎所以,不要止步不前,要谦虚谨慎,继续朝着理想和目标前进,本质上此点是归纳方式。

1.5　教学法的说明

注意,以上有三个地方都谈到了骄傲自满,要区分它们各自的适应场合。

1.4.3的演绎角度与第2章和第3章的知识切入的演绎角度在处理方式上相反。

从根本上说,立足于理想切入的归纳角度,专注于长远的理想与目标,把事物的旧有认识的学习放在辅助地位,就能进一步坚定对理想和目标的追求。

　　理想切入的归纳角度的三个方面的先后顺序是时间角度、空间角度、实际内涵角度。当然，在这里谈的理想切入的方方面面因素已经不只针对中小学生，更是针对每一个人追求理想和目标来说的。

　　把认知切入部分和心理切入的归纳部分的知识改为对事物新的认识，艺术式教学法（一）的适用范围就不再局限于中小学生，而是适合大部分人。

　　认知切入、心理切入和理想切入要同时进行。此教学法可以连续适用于多个具体领域（广大的空间），而每个领域的处理需要一段时间，因此它可以保证使用者在长时间内（估计10年）都不会出现心理障碍，对于中小学生来说，需要长期坚持利用此教学法。

　　通俗地讲，老师要适当少讲一些"树枝与树叶"，一来这只是知识的细节，二来脱离实际（实验），知识具体指的是什么只有少量小知识点会讲到，因为"树枝与树叶"大多是长在空中，只有少量生根于土壤中。老师要适当多讲一些"树头与树根"，"树头"就是知识的要点，"树根"就是知识的来龙去脉和背景，而且"树头"和"树根"是插在土壤中的，因此还要指出知识的要点具体指的是什么，明白了此点，理解知识的来龙去脉和背景具体指的是什么就容易多了，因为"树根"相对于"树头"来说也是细节的描述。我们要根据学生的学习程度及课程的具体情况灵活掌握演绎式教学与归纳式教学的比例。前者是辅助的方法，后者是决定性的方法。一定要注意，不论演绎式教学占的比例多大，哪怕远远超过归纳式教学，起决定性作用的也一定是归纳式教学，它是人类认知的基础。

特别要注意,上面论述的方法体系针对的是某个领域的具体情况,对中小学生指的是某个领域的科学知识或某个典型例子(如一篇文章或一个故事)的核心部分的理解与认识,因此该方法体系本质上是归纳式的方法体系,论述的是如何理解和认识"树头与树根",并没有涉及"树枝与树叶"。但是,对中小学生和老师来说,在采用这个方法之前或之后,需要按一定比例(详细或简略)具体描述一下某个领域的科学知识或某个典型例子,"树枝与树叶"指的就是这方面。需要把"树头与树根"和"树枝与树叶"组合起来。我们用"树头与树根"和"树枝与树叶"来比喻中小学的教学方法只是通俗的说法,并不严密。

例如,小学低年级的学习及初中英语的学习演绎式教学占得多,着重于记忆,但是归纳式教学也占有相当的比例。语言要大声朗读才能增强感性认识,为了培养学生的自信心要多表扬;为了培养学生的兴趣,数学要跟实物相结合,如2个桃子加3个桃子等于几个桃子,语言要结合空间场景才生动形象。

1.6 艺术式教学法(一)的教学实践

1.6.1 语文教学

语文教学包括两方面:学习别人的文章、自己写文章。学习别人的文章要注意以下三点。

第一,对文章的感性认识。低年级要先朗读课文,高年级要先通读一遍课文,以增加对文章的感性认识,搞清楚难字、难词和难句,这是基本功,关键是要抓住主要过程,以及抓住静态空间描述的核心,感受前者的"生动",感受后者的"形象"。

第二,对文章的直接理解与认识。重点是"章",也就是抓住文章的主要内容和中心思想,在课堂上要训练学生分段落大意、写主要内容和写中心思想。另外,还要抓住关键的词语与句子,如文章开头与结尾的句子,每一段开头与结尾的句子,起上下文连接作用的句子。

第三,对文章的进一步理解与认识。对于好文章老师还要进一步归纳,抓住文章的意境、深刻道理、感情刻画和精神实质等深层次的东西,对文章进行评论分析,关键是要能把它们通俗易懂地说出来,才算真正理解。

另外,有时还要体会文章的合理性,看其是否符合一分为二的模式,如以退为进,避实就虚,退一步海阔天空,忍一时风平浪静,付出辛劳就有报酬。

应该说,对于语文课本中的文章,老师这三方面一定都要做,缺一不可,低年级侧重于前两个阶段,高年级侧重于后两个阶段,但低年级的老师往往忽视对文章的深入理解,高年级的老师往往忽视对文章的感性认识和直接理解。课后要让学生尽量多读文章。

对于写文章,也要注意三点。

第一,要深刻理解作文题目的意思,抓住关键点,抓住灵魂,高年级学生还要抓住作文题目中所蕴含的意境、道理、感情和精神实质等深层次的东西,要能把它们通俗易懂地说出来,才算真正理解。有时还要体会作文题目的合理性,看其是否符合一分为二的模式。

第二,花尽量多的时间打腹稿,厘清主要内容和总体思路,安排文章的篇章布局。还要搞清所用的关键词语与句子。

第三,厘清主要过程和静态空间描述的核心,前者要"生动",后者要"形象"。完成这三个步骤后,才能动笔写。

第一阶段老师要详细讲,第二阶段老师要适当引导一下,第三阶段老师也要少量引导一下。不论是学习别人的文章还是自己写文章,都要抓住记叙文、说明文和议论文的特点,它们分别是描写时间、空间和实质内涵的,要在各自的特点上多下功夫,多思考,多费笔墨。还要抓住文章的三要素:普遍性(尽量描写一类人、一类事或一类物的共同特征)、典型性(描写具有代表性的人、事和物)和逻辑性(表达要逻辑清楚,不要前后矛盾)。换句话说,就是要好好抓住文章的思想、材料和表达(指组织材料以表达中心思想的方法)。

1.6.2 数学教学

数学教学包括两方面:掌握课本上的定义和公式,做习题。

对于前者,课本上的知识要点就是定义和公式,吃透定义和公式要从三个角度入手。第一,从时间上看,追根溯源,搞清定义是怎么引进来的,公式是如何证明的。第二,从空间上看,搞清定义和公式的应用范围,与该范围内及其周围的其他定义和公式的关系。第三,从实质内涵上看,搞清定义和公式的意义和内涵。

对于后者,有三点要注意。第一,做较难的习题时:①首先，要很敏感地从最基本的、最容易被忽视的知识中找到问题的突破口。②其次，要直接抓住问题的关键点，关键点一定是简单、合理甚至美观和对称的，要往简单的地方想，要把复杂问题简单化，哪怕再难的数学题，想清楚之后都是简单的。如列方程解应用题，要努力寻找什么量与什么量会相等，因为相等是最简单的数学要素；又如几何题，通过添加辅助线，添加辅助几何图形，把习题中的几何图形化简。对于计算和证明过程，要抓住其中的关键步骤。第二，做较容易的习题时：在学生熟悉了基本习题之后，老师只需讲问题的关键点和关键步骤，对问题加以提示，或先讲问题的关键点和关键步骤，然后再一步步抄写给学生。也要倡导学生在做完基本习题之后，对以后的习题只需抓住问题的关键点或关键步骤，在草稿纸上写下关键点或关键步骤，或画出添加完辅助线和辅助几何图形的几何图形，不必写那些次要的烦琐细节，主要是搞清楚解题的思路，不必太在意答案。第三，在知道习题或考题，尤其是不会做或做错的习题的答案后，要总结出较通用的（可能多条）经验。总之，通过上述三种方法，尤其是第一种，才能让学生得到真正的数学思维的训练。学生也要多找些较难的习题来练习，若不会做，直接看较难的习题的答案也行，学生可以少做多看，在看答案时，也要抓住关键点和关键步骤，同时最好也要总结出较通用的经验。顺便说一下，以上所说的真正的数学思维的训练指的是解题方面，它对提高一个人的分析问题和解决问题的能力有很大帮助，这种能力不仅仅用在数学方面。还有另一种能力，主要用于定义和公式的理解甚至创造方面，这是高等数学的教学任务，这对提高一个人的发现问题的能力有很大帮助，数学家具有的主要就是这种能力。它们是两种不同的能力,前者是对事物的直接的理解和认识,后者是对事物的进一步的理解和认识,需要在学习高等数学时从零开始训练。当然,前者凭直觉解决问题的能力对后者的训练也是有很大帮助的。国外有一些中学生数学竞赛的优胜者后来成为了数学家,他们的思维还受到解题技巧的限制,成为技巧型的数学家,而没有成为思想型的数学家,根本原因就在于他们把这两种能力当作同一个东西,而我们需要把这两种能力存储在大脑的不同部位。由此,就可以正确认识中学生数学竞赛了,中国那么多的奥数优胜者大部分都没有成为数学家,其直接原因就在于大学的高等数学方面的教育是"填鸭式"教育,即演绎式教学,而对定义和公式的理解和创造需要的是"大"归纳式的教学,需要的是思想,而解中学数学竞赛题是"小"归纳式的教学,需要的是技巧。

1.6.3 物理教学

物理教学与数学教学类似,一般来说一个数学学得好的学生,物理也会学得好。物理教学有三大部分内容:物理实验、物理知识和物理习题。下面具体介绍它们与数学教学的区别。

物理实验方面,数学教学没有实验。老师在讲述物理课本上的定义和公式时,学生要先观察老师课堂上演示的实验现象,搞清定义和公式具体指的是什么,随后学生自己要动手做实验验证,这样学生对定义和公式就有了感性认识。对于物理实验的学习,要像玩游戏一样,抓住主要的实验步骤具体指的是什么及与实际匹配的细节,抓住静态空间描述的核心具体指的是什么及与实际匹配的细节,后者在游戏中没有。

物理知识方面,就是定义和公式,物理书上每个章节都有一个套路,先讲定义和公式的历史由来,再讲它们的意思和内涵,最后再讲它们在生产和生活中的应用,并举一些例题,就像电视连续剧和动漫一样一集一集播放。要采用跟数学一样的办法,把物理中的定义和公式搞清楚。

物理习题方面,数学习题可分为三类:第一,直接应用定义和公式的题目;第二把定义和公式先变通一下然后再应用的题目;第三最难不是如何应用定义和公式,它们只是解题过程中的自然应用而已,而是找不到这种题目的下手之处,解这种题目需应用更基本的常识或知识。物理习题大部分类似第一类和第二类,较少有类似第三类的,因此物理习题一般比数学习题容易做,即使有第三类的习题,往往也是几个因素合在一起的题目,只需把每个因素仔细拆开,每个因素分别应用各自的定义和公式加以解决,换句话说,就是应用了多个定义和公式。对于如何解数学习题和物理习题,还可借鉴下中国象棋和打篮球,以确定如何选择定义和公式,定义和公式如何变通,如何找到下手之处,如何综合应用多个定义和公式。首先要把定义和公式从三个角度搞清楚,把它们背得滚瓜烂熟,就像下中国象棋和打篮球要先把基本技巧学扎实;其次解题时要从多条路径试探猜测,很敏感地找到下手之处,就像下中国象棋的最终目的是把对方将死,打篮球突破对方的重重拦截,把篮球攻入篮筐,要多条路径试探猜测,很敏感地找到下手之处。

1.6.4　化学教学

在讲述课本上的知识时,要先观察实验现象,搞清这些知识具体指的是什么。化学知识的要点比较杂,在归纳时,要一类一类归类对比化简,要牢牢掌握元素周期表,把重要类别的化学性质、特性和现象与元素周期表相应行或列的元素的化学性质、特性和现象加以一一对比。

1.6.5　生物教学

与物理和化学一样,在生物教学中,在讲述课本上的知识时,要先搞清这些知识具体指的是什么,这可通过观察实验现象来达到。生物知识的要点也比较杂,在讲述植物和动物时要对同类的特性加以比较,在讲述生理卫生时,不同组织和不同系统的特性要加以比较。具体的生物学都是围绕解剖结构和生理过程这两方面来讲述的,因此在学习具体生物学的每一类知识时,也要围绕这两方面加以归纳。另外,在学习遗传学时,对于遗传学定律,要像学习物理的定义和公式那样学习。

1.6.6　地理教学

在地理教学中,要对同类的知识加以归类对比,如各条山脉归类比较,各地气候归类比较,同时地理知识是空间知识,在归类对比时要以相应的地图作为参照物。

1.6.7　历史教学

在历史教学中,要把每个朝代的历史知识按政治、军事、经济、人口、文化、科技和宗教等加以总结，同时历史知识是时间知识，要把前后朝代的这几个方面一一比较，还要把相类似的朝代的这几个方面一一比较，如汉朝与唐朝、秦朝与隋朝加以比较。

1.6.8　政治与思想品德教学

政治与思想品德比较抽象，首先要搞清楚所讲述的最大的知识点（如基本概念）具体指的是什么社会实践和社会现实，然后再归纳抓要点，而且要慢慢通过琢磨和推敲进行大归纳。政治与思想品德是空间上高度归纳的知识，要领会其中的深刻道理，有时还要领会其中的合理性，即语义上立体的、动态的体系结构，语法上一分为二的整体结构和语用上一分为三的整体结构。可以参照语文教学中学习别人的文章的方法（对文章的理解与认识的三个层次）来教学，此处不再赘述。

1.6.9　英语教学

初中的英语如同小学三年级前的语文，主要是增加对语言的感性认识，因此对单词要会背诵，对课文要尽量多遍朗读甚至要会背诵，而且单词和课文要大声朗读，这样听、说、读、写同时得到训练，在记单词时要一边朗读一边在草稿纸上抄写，以增加感性认识，这样记得又快又牢，上课以带学生背诵为主，语法也要记忆。人脑的短期记忆很容易遗忘，因此在较短的间隔时间内要重复背诵，每天在同一时间背诵，形成习惯，以克服人的惰性。总之，学习英语就得采用最"笨"的办法去学。高中的英语除了继承初中的教学方法，还要对课文抓要点,要慢慢琢磨和推敲,最后用简单的英文句子写出文章的要点。当然,学习英语的最好办法是以后在工作中直接使用英语,没有条件就创造条件使用,这样学习英语最省力,效果也最好,不知不觉,潜移默化中就学好了英语,或者学习工作之余阅读大量英文文章,如对侦探小说感兴趣就阅读这方面的英文小说。

1.7　总结与展望

此教学法的实施既需要教学法本身的知识(思维方法或元知识),还需要(众多的、无限的)具体的应用领域,参见第3章、第4章和第5章的对应部分,在总结与展望的第一段或第二段。

在第3章中论述的是适合培养专家(或专业人士)的艺术式教学法的方法体系,即艺术式教学法(二),而本章论述的是适合培养中小学生的艺术式教学法的方法体系,即艺术式教学法(一),前者需要学习某科学领域的知识或某文科领域的典型例子(如一个故事),后者不需要学习某领域知识,或仅需学习少量的某领域知识。科学式教学法需学习某科学领域的知识,而哲学式教学法也需学习某文科领域的一部分知识(一些典型例子)。对于普通人来说,他们无须掌握专业领域的知识,因此无须掌握科学式教学法、哲学式教学法和艺术式教学法(二),他们仅需掌握艺术式教学法(一)。认知切入实际上是体现一个人发现问题、分析问题和解决问题的能力,再配合心理切入和理想切入,它就成了人们最重要的赖以生存的技能。

一个人只要有理想和追求，对所从事的工作具有良好的心理状态，做事懂得抓要点，便可以轻松应对，其人生一定是积极主动的，乐观向上的。

由第3章、第4章、第5章的论述可知，我们民族文化只含有哲学式教学法中的演绎部分和科学式教学法中的演绎部分，缺乏艺术式教学法。因此，在中小学大规模推广艺术式教学法（一），对提高我们民族的素质有很大的帮助。

准确地说，在古代，在认知方面，儒家提出"格物"致知，这类似上面谈到的对事物的直接理解与认识中的一半，通过琢磨和推敲抓住要点，要点一定是简单的和合理的。佛家也谈到语法上一分为二，语用上一分为三，以及语义上立体的、动态的体系结构（或语义匹配），佛家提出的"色即是空"说的就是语义。在理想和目标方面，《列子》和《庄子》也讲了一些寓言故事，如"纪昌学射"。以上两点虽然基本上论述了西方教学方法所缺的另外一半，但是没有像西方教学方法那样形成体系，基本上是各家只说一部分，而且是用举典型例子的方法来说的，很难成为理论体系。论述脱离实际，过于玄妙，很难让大众接受，更不用说中小学生了。总之，从我们的民族文化的源头出发是很难系统地推出艺术式教学法的，只能艰难地触及而已。

中国的传统教育的源头就是儒家思想。在第4章的最后我们论述了哲学式教学法、典型例子，以及道家、儒家、佛家（它们的心理描述部分）是中国传统哲学的三个组成部分，儒家与哲学式教学法是不同的。归根结底，至少在现代社会，儒家不能无限扩大到教育领域，在教育领域有哲学式教学法,教育有自身内在的规律和原理,儒家只有个人的心理调节作用,比上不足,比下有余,它只能作为学生的伦理道德课程来学,作为一门课程来学与贯穿到整个教育领域是两码事。

中国传统教育的目的主要是以儒家的伦理道德修养身心,培养儒家理想的君子人格。孟子认为教育的目的为"明人伦",在他看来"人伦"就是"人道","道"是儒家最高的人生境界,也是教育的终极目标。"大学之道,在明明德,在亲民,在止于至善",把教育的目标定位于"明明德",进而"亲民"以至于"至善"之境,为达此目的,《大学》中把教育的目的概括为格、致、诚、正、修、齐、治、平八项要求。在以儒家思想为指导思想的封建社会,这一指导思想一直贯穿于传统教育的始终,对中国传统教育制度及内容的确立产生了极其深远的影响。从儒家对中国传统教育的正面意义来说,它的核心是培养一个人的道德。因此,在现代教育中,把儒家文化作为学生的伦理道德课程来学也符合它的本义。

至于孔子提出的"有教无类""因材施教""三人行必有我师""不耻下问"和"学而不思则罔,思而不学则殆"等这些对教育的看法,如果从现代教育的角度来看,除了最后一条,其他的其实是很初等的,对真正培养一个人才的作用是轻微的。

最后,从1.1中国传统教育的弊端的论述可知,儒家思想对中国传统教育的负面影响与艺术式教学法的各个方面是格格不入的,把两者的各个方面具体地一一比较就会明白。

由以上分析可知,我们建议降低儒家思想在中小学教育中的地位,而应该确立艺术式教学为现代中小学教学的立足点。

艺术式教学法有且只有两个版本,第3章中论述的是适合培养专家(或专业人士)的版本,这里论述的是适合培养中小学生的版本,在第2章中论述的适合培养大学生的版本不是它的第三个版本,而是第3章中论述的版本的简易版本。另外,艺术式教学法实质上是最基本的艺术原理的一部分。

两种艺术式教学法都是核心,哲学式教学法和科学式教学法是辅助,对于同一项内容,既可以选用科学式或哲学式教学法教学,也可以选用艺术式教学法教学,而且前者是辅助的,后者是主要的。科学式教学法适用于科学领域,艺术式教学法(一)、艺术式教学法(二)和大学的教学方法适用于科学领域、艺术领域和文科领域,哲学式教学法适用于文科领域,尤其是文学、历史与哲学。中小学的文科教学也可参考哲学式教学法,不过此时哲学式教学法要多讲述"树枝与树叶";中小学的理科教学也可参考科学式教学法,不过此时科学式教学法要多讲述"树枝与树叶"。

第2章 大学的教学方法

本章我们首先具体分析中国高等教育的缺陷，其次具体分析西方高等教育的缺陷，通过二者的比较，指出归纳式传授和学习知识才是（东方和西方的）大学教学的正确出路；系统论述适合大学的归纳式传授和学习知识的方法体系；最后论述在大学课堂上具体如何实施。

2.1 中国高等教育的状况

中国人做学问的方法一般是从一个基本原理出发，按部就班，多处应用，从而推导出一大堆内容。这反映在学术上就是对西方人提出的众多不成熟的学说修修补补后多处应用，对各种现象加以解释，而且对各种新观点或新学说采取抵制、反对态度，中国古代大量对先贤经典著作的注疏也是这样。反映在高等教育上，就是老师上课往往就是知识的一一罗列，演绎式展开，这本书分几章，每章分几节，每节分几小节，知识越讲越多，而且对这推出来的一大堆内容具体指什么，如何与实际结合不加以讲述。这如同只讲"树枝树叶",是所谓的"满堂灌",是培养"书呆子"的方法。这既回答不了"怎么样"的问题(知识具体指的是什么,实际指的是什么实验或实践),也回答不了"为什么"的问题(知识的要点,来龙去脉)。演绎式教学的好处及不重视归纳式教学的弊端详见第 1 章对中国传统教育弊端的描述。著名物理学家、诺贝尔奖获得者杨振宁在西南联大从本科读到硕士毕业,西南联大集中了当时中国最好的几所大学的老师。杨振宁说:"从没有人告诉我要深入思考,也从没有人告诉我要关心活生生的物理现象。"深入思考应该指深入思考基本概念和公式这些物理知识的要点,没有这两点就是"填鸭式"教学,这两点实际上对应下面马上要谈到的大学的教学方法的认知切入和知识切入的第一阶段。笔者在 20 世纪 80 年代曾在中国一所名牌大学学习,所有课程的老师讲课都是演绎式展开,知识越讲越多,满堂灌,既不讲知识具体指的是什么、实际指的是什么实验,也不讲知识的来龙去脉,几年学下来,从没有听过哪个老师对书上的哪怕一个知识点谈出自己的理解、感想和看法,就像一堵墙一样死死地封住了你,一条缝都没有,除了计算机语言和数字逻辑这种简单的课程,其他所有计算机课程上课都听不懂,只好自己学,可是实践机会又很少,书上讲的知识又抽象,经常是书上的一段话没有数学公式,每个字小学毕业就能看懂,但翻来覆去看了很多遍就是不知道讲什么,几年学下来极其痛苦,不堪回首。笔者在国内一所普通大学教书时,曾经与一个学生交谈,他直接说:"为什么每一门课的老师上课时都是突然引进一个东西,让你觉得莫名其妙,要很久很久以后才能慢慢接受?"老师不讲知识要点实际指的是什么实验,也不讲知识要点的来龙去脉,学生就会觉得莫名其妙。后来我进一步问他,他说我除外。

2.2 西方高等教育的状况

西方人做学问通常采用归纳式方法,先重视实验与实践,后重视归纳,提出各种各样的不成熟学说,西方人很重视提出自己的观点、学说和理论,尤其是在一个别人没研究过的领域,提出一套哪怕还很幼稚的学说,特别能引起轰动,这就是所谓的开辟新方向,如国富论、控制论、信息论、系统论、协同学、混沌学说、神经元网络、模式识别和计算机视觉。它们除了不成熟,还有一个特点,就是这种学说是全新的,没有对旧有知识的继承。西方的学者是这样,西方的教育工作者和学生也是这样,西方的老师着重启发学生的思维,把旧有知识撇到一边,引导学生不迷信权威(旧有知识的创造者),鼓励学生提出各种自己的想法,不断向学生提问题,也鼓励学生之间的辩论,以此培养学生的创造力和想象力,鼓励学生自己动手做实验,以此培养学生的动手能力。但是他们不重视对旧有知识的系统的继承和学习,老师喜欢教授新的不成熟的知识,学生也喜欢学习新的不成熟的知识,没有基础知识的理解和继承的创造力、想象力及动手能力,这样的能力是贫乏的,是温室中的弱苗,经不起推敲。

著名物理学家杨振宁曾说过,美国的学生开始表现得很有想法,一问侃侃而谈,但你若进一步向美国的学生提出第二个和第三个问题,他们就经不起追问,一下子露馅了,说明他们对基础知识一知半解,学习很不扎实。

2.3　东西方教学方法的比较

东西方教学有没有交汇点呢？我们来看一下杨振宁是怎么讲的。他说:"我在中国学习的研究方法,是'演绎法',从牛顿三大定律,热力学第一、第二定律出发,然后推演出一些结果。我发现,这完全不是费米、泰勒等的研究方法,他们是从实际试验的结果中,归纳的原理,是'归纳法'。我很幸运,这两种研究方法的好处,都吸收了。这对我的研究工作,有很大影响。"中国的大学传授知识,而且是演绎式地传授知识,不重视传授思维方法;西方的大学传授归纳式思维方法,这一点是对的,因为人的认识过程就是先实践感性认识,然后归纳抓要点,但是不重视知识的传授。我们发现,两者的交汇点就是传授知识,而且是归纳式传授和学习知识,我们把这种教学方法称为归纳式教学法,西方的"归纳式教学法"是片面的,还有一半是空缺的。

2.4　适合大学的归纳式教学法体系

2.4.1　认知切入

这里的认知切入是对某个领域的科学知识或某个典型例子(如一篇文章或一个故事)的核心部分的理解与认识。

1. 在实践(实验)方面的感性认识(语义部分)

具体操作详见 1.4.1。一些长期教授某领域知识的老师,一些只会写论文而不会解决具体问题的所谓专家,也可能并没有搞清静态空间描述的核心部分,以及它具体指的是什么、它与实际实验现象匹配的细节,因此绝对不能轻视这一层次的认识。

2. 直接的理解与认识(语义与语法部分)

具体操作详见 1.4.1。在阅读教科书时,要吃透书的前言、目录、第一章、每章的第一段,以及最后一章,中间的章节不一定要读,可根据需要选读。要阅读名家的经典著作,正如数学家阿贝尔所说的:"要想在数学上取得进展,就应该阅读大师的而不是他们的门徒的著作。"近代科学的开创者牛顿也是系统阅读了名家的经典著作后才做出科学上的巨大成就的。读名家的经典著作就如同受名家指导,名家会把自己归纳出来的知识要点及其教学方法传授给你。

2.4.2 心理切入

1. 归纳角度

(1)好奇心(童心)
详见 1.2.2。
(2)兴趣
详见 1.2.2。
(3)自信心(胆量)
详见 1.2.2。

2.演绎角度

教师需要知道还有另外三种相反的消极心理的存在,即习以为常(骄傲自满、不屑一顾)、厌倦和谨小慎微(自卑、胆小)。对旧有知识的认识来说,它们起到反作用,这实际上是搞错了三种消极心理的空间适用范围,此时应该尽量采用另外三种积极心理(胆量、兴趣与好奇心)。对新的不成熟的知识的认知来说,实际上这三种消极心理是必需的,而且是完全起到积极作用的,这三种消极心理与知识切入的演绎部分相结合,对它加以节制,新的不成熟的知识的认知就是此三种消极心理的空间适用范围。对新的知识要加上过滤网,不要对什么知识都有好奇心,要经常带有习以为常的心理;不要对什么知识都感兴趣,要经常带有厌倦的心理;不要对什么知识都信以为真,过于自信,要经常带有谨小慎微的心理。

2.4.3　知识切入

1.归纳角度

吃透某个领域的某个典型例子(或某个领域的科学知识)的核心部分(要点、重点、关键点和本质,理工科主要是定义、公理、定理和公式),即对它们的更深一层的理解和认识(实质内涵部分),这需要花很长时间才能掌握。具体分为如下三个阶段。

(1)从时间上看

追根溯源,搞清关键点、公理和定义是怎么引进来的,定理和公式是如何证明的。每个有价值的关键点、公理、定理、定义和公式都来自深刻的背景,至少它的源头与旧有知识形成一分为二或一分为三的关系。如果一个知识点的源头没有深刻的背景和来龙去脉,那它一般是没有什么价值的。我们需要阅读一些学术史的著作,以此加强历史修养。

(2)从空间上看

搞清关键点、公理、定理、定义和公式(核心知识点)的应用范围,以及与该范围内及其周围的其他关键点、公理、定理、定义和公式的关系,对这些相关的基本知识点,不要用"堆",而要用"添",即广泛阅读,对读到的每一个基本知识点,都要想想与核心知识点是什么关系,围绕核心知识点把它们串联起来。需要阅读一些自然辩证法(理科)或哲学(文科)的文章,文章就可以,不需要读书,涉猎范围尽量广一些,以此加强辩证法或哲学修养。

(3)从实质内涵上看

搞清关键点、公理、定理、定义和公式所蕴含的深刻的道理、实质内涵和意义。总之,最大的就是最小的,要看到抽象和深奥的东西的具体和通俗易懂的另一面。需要阅读一点科普的著作、导论或概论,从中了解基本概念的实质内涵,以此加强科学或学术修养,即使是大专家,也需要读科普、导论或概论。

2. 演绎角度

老师和学生要关心新的知识,了解学术动态,在空间上广泛涉猎。具体分为如下三个方面。

(1)时间方面

尽量涉猎最早时刻的新知识,利用论文和书籍后面的参考文献追根溯源,在处理方式上与归纳角度的时间方面类似,本质上此点是归纳方式。

(2)空间方面

在专注于最早时刻的新知识这一点上(归纳),到处随机查找,所涉猎的范围尽量广泛(演绎),而归纳角度的空间方面全部是空间归纳,围绕一个核心知识点把相关旧有知识点串在一起,在处理方式上一半类似,一半相反,本质上此点是一半归纳方式,一半演绎方式。

(3)实质内涵方面

最小的就是最大的,要看到具体和通俗易懂的东西的抽象和深奥的另一面,要从很少量的具体和通俗易懂的新知识中明辨出其重要价值,在处理方式与归纳角度的实质内涵方面相反,本质上此点是演绎方式。

上述的演绎部分与第1章的理想切入的演绎部分在处理方式上相反。

从根本上说,立足于知识切入的归纳角度,把旧有知识学透,把新知识的学习放在辅助地位,就能大大提高对真理的明辨能力。

2.5　在大学课堂上的具体实施

钱伟长曾说:"当时,清华大学有个教师叫吴有训,教我们普通物理课,这位教师新中国成立后当了中国科学院的副院长。吴有训老师讲课很有意思,他从来不照本宣科,拿本讲义在那儿念,而是引导学生动脑筋,不断地跟着他在课堂上思考问题。他讲的大学普通物理课,一个星期有四堂课,那时每学期十五个星期,合计六十堂课,一个学年共一百二十堂课。他把大学物理课分成一百多个题目,每堂课集中讲一个问题。例如,他讲什么是质量?他先讲质量这个概念,从前人们怎么认识,后来怎么认识,为什么会产生质量这个概念?接着又讲为什么质量不是重量,它和重量有什么关系?再进一步讲人们如何根据伽利略的实验,证明了质量是独立存在的一个东西,在概念上有了飞跃,以后就有了牛顿三定律,等等。最后,再讲现在质量怎么量,它在国民经济中占怎样一个地位,量的时候用什么单位,等等。一堂课讲下来,从头到尾,清清楚楚。他讲的这些,教科书上都没有,教科书上有个定义,但定义他却讲得很少。他给他的课程指定了三四本书。讲完以后,他叫你去看哪本书,从第几页到第几页,这一段看这一本,那一段又看那一本,都让你自己去看。还有很多东西,他根本不讲,要你自己去看,看完了照样要考。我开始很不习惯,但后来我慢慢习惯了,觉得这是我一辈子听到的讲课中最精彩的一门课,他对我学会用思考的方法而不是死记硬背的方法去学习,起了很大的作用。直到现在,大学的普通物理课的基本内容、基本观点和基本方法,我还记得非常清楚,一点也不混乱。"钱伟长考大学时语文100分,历史100分,数学和化学20分,物理5分,英语没学过,0分,读了一年历史后,看到日本飞机轰炸中国,为了科技报国,改学物理,听了吴有训的课后,开窍了,后来物理读到班上第一名,再后来公费到美国留学,1946年回国,成为中国力学研究的奠基人。

系统地说,老师在课堂上要对知识的要点下足功夫,要

注意如下几个方面,当然不同课程的侧重点要有所不同:
①搞清知识的最大要点具体指的是什么;②牢牢抓住知识的要点(重点、关键点、本质);③刨根究底,知识的要点里面到底是什么,看它"葫芦里卖个什么药",其更深层次的原因(进一步归纳得到的更上一级的要点、关键点、重点和本质)是什么;④尽量多讲实验,多举例子,多用直观的图示,要把知识要点形象化(几何化)和动态化;⑤尽量通俗易懂地讲解知识要点;⑥追根溯源,搞清最大的关键点和定义是怎么引进来的,最大的公式是如何证明的;⑦搞清最大的关键点、定义和公式的应用范围,与该范围内及其周围的其他关键点、定义和公式的关系;⑧搞清最大的关键点、定义和公式的实质内涵和意义,所蕴含的道理、背景和来龙去脉。

通俗地说,老师要适当少讲一些"树枝与树叶",要适当多讲一些"树头与树根",这两者的关系具体详见 1.5 中的相应部分。

有一些专家在谈到自己成功的经验时,也谈到类似的看法。世界著名物理学家杨振宁在谈到自己成功的经验时,他说 3P 是他成功的方法,3P 指的是洞察力(perception)、自信(power)和坚持(persistence),他还说"兴趣是成功的最大秘诀";中国科技大学前校长朱清时在向新入学的学生演讲《如何培养创新人才》时,也说需要直觉、兴趣和集中注意力,他后来在向南方科技大学新入学的学生做演讲时,也谈到创新能力最主要的要素是批判的精神、想象力、洞察力、注意力和好奇心;中国一个杰出的少年职业围棋手的父亲在谈到如何培养一个杰出的棋手时,也说需要直觉、兴趣和集中注意力。

2.6　总结与展望

　　中国的高等教育的出路在哪里？这是笔者上大学时便开始苦苦思索的问题，笔者在长期的教学实践中也在默默地思索此问题，现把结果呈现出来，以供参考，如有不当之处，请读者指正。

　　对于外语类的学习，大致可把其当作中小学的语文来学习，需采用中小学教学法。这里也说明一点：我们提出了五种教学方法，而且每种教学方法还有不同的侧重点，即"树枝与树叶"和"树头与树根"所占比例不是固定不变的，对于不同的具体学科、不同程度的学生，要根据具体情况灵活采用不同的教学方法，对同一种教学方法，也需考虑不同的侧重点。

　　本章系统分析了东西方教学方法的缺陷：西方的所谓"归纳式教学法"是片面的，只重视归纳式思维方法的传授，不重视知识的传授，还有一半是空缺的；中国大学为代表的东方大学传授知识，而且是演绎式地传授知识，不重视传授思维方法。然后指出：为了克服两者的缺陷，必须提倡归纳式传授和学习知识的教学方法，我们把此教学方法称为归纳式教学法，并系统论述了适合大学的归纳式教学法体系，最后论述了在大学课堂上具体如何实施，既具有系统性，又具有可操作性。

第3章 艺术式教学法（二）
——专业人士的教学方法

在学术和教学上,西方的学者、西方的教育工作者和学生的归纳式方法的现状详见2.2。

前面只是大致说说,不够系统和严密。作者进行深入的研究后发现,它实质上是一个系统而严密的教学方法体系,作者从辩证法角度出发,系统而严密地论述了西方教学法(如何培养专家)体系,并系统而严密地指出了该方法的弊端,最后系统而严密地论述了艺术式教学法(二)体系,西方的教学法实际上是艺术式教学法(二)的局部。

3.1 再论西方教学方法体系

3.1.1 认知切入

详见1.2.1认知切入部分。

3.1.2　心理切入

1. 归纳角度

（1）好奇心（童心）

详见 1.2.2。

（2）兴趣

详见 1.2.2。

（3）自信心（胆量）

在研究与学习过程中,一些学生具有胆量与气魄,通过高度归纳,看到知识的要点语法上呈现一分为二的状态,懂得用逆向思维,懂得用一分为二的方法在相反的两种条件下严格推导。其他详见 1.2.2。

2. 演绎角度

老师知道另外三种相反的消极心理的存在,包括胆小（谨小慎微、自卑）、厌倦和习以为常（不屑一顾、骄傲自满）。它们对旧有知识的认识起到反作用,西方的老师和学生很容易错误地认为这就是三种消极心理的空间适用范围。实际上,对新的不成熟的知识的认知来说,它们起到积极作用。

3.1.3　知识切入

1. 归纳角度

对旧有知识老师只懂得笼统要求学生在时间上要长期坚持勤奋刻苦学习,具体怎么做即具体有些什么规律老师并不明白。

2. 演绎角度

老师喜欢教授新的知识,学生也喜欢学习新的知识,把追求新东西看成一种时尚,乐此不疲,在空间上广泛涉猎,了解学术动态,但不懂得节制,缺少明辨的能力,把这方面发挥到极致,过于泛滥,漫无目的,对于具体怎么做,即具体有些什么规律,老师并不明白。

3.2　再论西方教学方法的弊端

对照上述方法,采用辩证法,我们下面系统而严密地指出其弊端,认知切入、心理切入和知识切入都存在着弊端。

3.2.1　认知切入

西方的老师只掌握了认知切入的一半,这一点由 1.2.1 认知切入部分可知。关于弊端的具体论详见 1.3.1 认知切入部分。

3.2.2　心理切入

1. 归纳角度

有些类似于辩证法中的白中一点黑,西方的学生和老师掌握了此点的大部分,但是不懂得把三种心理串在一起。专家(或专业人士)的心理发展过程与青少年的心理发展过程正相反,详见 1.3.2。

对于问题学生如何走上学习的正轨,西方的教学法中并没有有效解决此问题的办法。对于失去自信心者,可以几个同伴合作,或在老师的指导和带领下完成;对于失去兴趣者,要抬高自己的位置,明白自己肩上担负的责任,就会主动去学习;对于失去好奇心者(骄傲自满者),要放低自己的位置,谦虚地向有经验的人(老师)请教,老师要主导学生的认知活动,不断向学生提问题,耐心地启发引导学生。这与 1.3.2 中的论述类似,此处不再赘述。

2. 演绎角度

尽管老师知道另外三种相反的消极心理的存在,包括胆小(自卑、谨小慎微)、厌倦和不屑一顾(骄傲自满、习以为常),但是不知道三种消极心理的空间适用范围。西方的学生和老师没有掌握此点的大部分,这有些类似于辩证法中的黑中一点白。把如上两方面内容合在一起,就形成了有些类似于太极图的关系。

3.2.3 知识切入

1. 归纳角度

详见 2.4.3。

2. 演绎角度

新的知识有时能提供一些解决问题的新思路,能起到启发作用,但往往不成熟,经常会像肥皂泡一样破灭,如果不懂得节制,没有明辨的能力,把错误的信息学进去,没有任何好处,只有害处,而且这种害处经常是长期的,甚至是终生的。

上面归纳角度的三个阶段如果按照著名数学家华罗庚的说法,就是"由薄到厚,由厚到薄"。对照 3.1.3 知识切入方面可知:西方的老师和学生没有掌握知识切入的归纳角度的大部分东西,这就是辩证法中的黑中一点白;西方的老师和学生掌握了知识切入的演绎角度的大部分东西,这就是辩证法中的白中一点黑。把演绎角度和归纳角度两方面合在一起,就形成了像太极图一样的关系。

3.3　艺术式教学法(二)体系

3.3.1　认知切入

对某个领域的科学知识或某个典型例子的核心部分的理解与认识,既采用归纳(宏观)的方法,又采用演绎(微观)的方法,包括成熟的、已知的、旧有的部分和未成熟的、未知的、新的部分。

1. 在实践(实验)方面的感性认识(语义部分)

此处论述详见 1.4.1 认知切入对它们在实践(实验)方面的感性认识(语义部分),以及 2.4.1 认知切入对它们在实践(实验)方面的感性认识(语义部分)。

人们在观察实验现象时,往往只注意实验过程,而且仅能抓住主要的实验步骤,却忽略了某个领域的知识(或某个典型例子)的静态空间描述,更不可能抓住其中的核心部分,以及注意观察这个核心部分与实际实验现象匹配的具体细节。因此,如果静态空间描述的核心部分,以及它具体指的是什么,它与实际实验现象匹配的细节,与教科书描述不同,或教科书中根本就是空缺,此时就会发现静态空间描述的核心部分。如果做到此点,就可演绎式展开,看看其他知识点具体指的是什么,换句话说,就是把静态空间描述的核心部分到处应用,对各种现象加以解释,但这仅是辅助的方法。此时可参考教科书已有的主要实验步骤写出优秀的论文,这是写出优秀论文的第一种方式,论文论述了关键性的实验(社会实践),解决了关键性的实际具体问题。

还有一种情形,如果某领域还没有教科书,还是待开垦的荒地,此时就要通过做实验,搞清静态空间描述的核心部分,以及它具体指的是什么,它与实际实验现象匹配的细节,还要抓住主要的实验步骤,并搞清楚它们具体指的是什么(细节),由此发现规律并写出优秀的论文。如阿基米德从实验现象中归纳出关于浮力的阿基米德定律。这也属于写出优秀论文的第一种方式。

2. 直接的理解与认识(语义与语法部分)

详见 1.4.1 和 2.4.1。另外,要注意以下几点:①在阅读教科书时,要吃透书的目录、前言、第一章、最后一章及每章的第一段,中间的章节可根据需要选读。②教科书也要选名家的经典著作。详见 2.4.1。③在学习一个领域时,经常当旁观者、入门者,不需要拿大部头的书慢慢地按部就班地读。如果书里面的知识都是演绎式描述的完备知识,我们只需了解其边界，了解其中心知识，了解其背景与来龙去脉，了解其与其他领域知识的关系。④著名数学家丘成桐强调知识有时不用按部就班一步一步顺序渐进学习，可以跳跃式学习；著名物理学家杨振宁强调不要按部就班地浸透式学习，在了解一些基本知识后，就可以开始思考核心问题。⑤科学上研究一个问题的过程就是用潜意识思考一个问题的过程，就是长时间琢磨、推敲和体会一个问题的过程，用潜意识推进才不会痛苦。著名物理学家李政道强调潜意识是一种重要的科研方法，一个问题一时想不明白可以先放一放，转去考虑别的问题，回过头来原来的问题自然就解决了；数学家丘成桐是一个很懂得潜意识的人，他的头脑中往往同时带有一二十个问题，利用潜意识并行处理，多路出击，效率极高。

当然，如果知识有缺陷（包括有错误），就会在简单和合理等特性上缺一个角，缺角可大可小，科学研究就是要填补上这个缺角，使得知识具有简单和合理等特性。此时，可阅读本领域的几篇综述性论文，对学术发展动态有全面了解，学术发展动态充斥了大量错误的信息，但也可能含有一些正确的新知识的苗头，将其与上述的空缺合在一起，通过琢磨、推敲、品味和回味等，看是否能填补空缺部分，使其具有简单和合理等特性。如果满足的话，随后对新的知识演绎式展开，演绎式展开仅是辅助的方法。这是写出优秀论文的第二种方式，理论本身可能很一般，但是它的概括力和影响力很大。

反过来说，如果碰到一个问题有待解决，不要直接对付它，而应该把它放到一个更大一级的范围，对这个范围的知识进行归纳总结，把旧有知识总结成一个体系缺一个角，这个缺角就是有待解决的问题,解决问题的过程就是补上缺角的过程,使得整个大范围的知识简单合理,这样该问题就容易解决了。

还有一种情形,如果在一个知识将会成体系的领域中,知识目前还没成体系,而是分成若干个知识块,显得杂乱无章,形同没有知识,此时对这若干个知识块进行整体拼接,如同小孩子玩拼图游戏,使其成为一个圆盘,即对这若干个小原理进行大归纳,总结出大原理。如牛顿对开普勒定律和伽利略定律进行大归纳,总结出牛顿力学定律,正如牛顿所说:"如果说我所看的比笛卡儿(哲学家、物理学家和数学家,创立了解析几何)更远一点,那是因为站在巨人肩上的缘故。"这也属于写出优秀论文的第二种方式。

3. 对它们的更深一层的理解和认识(语义、语法与语用部分)

对于一个不是由零碎的知识点所组成的成体系的基础领域(一般不是应用领域)来说,如果该领域已经成熟,具体如何操作,详见 1.4.1。

如果该领域不成熟,补上相应的部分后也会形成上述的结构。如在语法上只有一半,还缺另外一半;或者白中一点黑,还缺核心部分;或者黑中一点白,只有最基本的部分,整个知识体系都还没建立起来;或者三缺一;或者互补的两部分都已独立存在(用一个概念或直接把它们组合在一起);或者三部分都已独立存在(用一个概念或直接把它们组合在一起);或者语义上只有立体的,没有动态的;或者与前者相反。一旦上述条件有一项得到满足,就可对新的知识演绎式展开。这是写出优秀论文的第三种方式,理论本身很深刻,蕴含了辩证法的原理。

　　还有一种情形，如果在一个知识将会成体系的领域，尽管有很多人在研究，但大家全部在一个错误的大方向上。此时要利用辩证法，利用逆向思维找到正确的方向。这里要利用语法，不论是在归纳角度上，还是在演绎角度上，都可利用逆向思维找到正确的方向。这也属于写出优秀论文的第三种方式。

3.3.2　心理切入

1. 归纳角度

详见 3.1.2 和 3.2.2。

2. 演绎角度

详见 2.4.2。

3.3.3　知识切入

1. 归纳角度

详见 3.1.3 和 3.2.3。弄清楚某个领域的某个典型例子（或某个领域的科学知识）的核心部分的实质内涵和意义，所蕴含的道理、背景和来龙去脉，可以写出优秀论文，这是写出优秀论文的第四种方式。

2. 演绎角度

详见 2.4.3。第 1 章的理想切入的演绎部分与上述的演绎部分在处理方式上相反。

从根本上说,立足于知识切入的归纳角度,把知识切入的演绎角度放在辅助地位,把旧有知识学透,就能大大提高对真理的明辨能力。

3.4　教学法的说明

认知切入、心理切入和知识切入要同时进行。对于科学上一个不是由零碎的知识点所组成的成体系的基础领域(一般不是应用领域)来说,分为三个阶段,至少需要2~3年时间才能掌握整个领域的科学知识,不论是掌握旧有科学知识,还是发现新科学知识,时间都是相同的。也就是在一个科学的基础领域,如果没有老师的点拨和引导,至少要经过2~3年的钻研,才能成为专家或专业人士。对于一个包含众多典型例子(如一篇文章、一首乐曲)的基础领域来说,对一个典型例子的处理可能不需要这么长时间,但是需要用多个典型例子来训练,仍旧需要2~3年的钻研,才能成为专家或专业人士。

艺术式教学法的精神实质可以从发展阶段和内涵两方面来看。从发展阶段来看,三个方面(认知切入、心理切入和知识切入)的第一阶段是模仿。第二阶段自己有很多感受、体会和看法,喜欢表现,喜欢跟他人交流,憋在心里不舒服,这时内心要有孤独感。国学大师香港大学退休教授饶宗颐说:"没有孤独感,就不能做学问。"一旦有孤独感,你只管做你感兴趣领域内的事,乐在其中。不用去考虑外部的冷淡与不理睬,别人认为你做的工作没用,你不管,你就喜欢做。第三阶段心里很自在,空空的,静静的,无欲无求,人物合一,物我两忘,回归自然。例如:思考研究计算机的方法与计算机知识合二为一;学开车时人与车合二为一,车就像人的手脚的延伸。著名的歌曲词作家乔羽在回答中央电视台主持人问他写一首歌容易与否的问题时,他说:"这如同骑自行车,刚学时觉得自行车存在,一旦老练后,就可纵横驰骋,感觉自行车不存在似的。"北京师范大学于丹教授在中央电视台《百家讲坛》主讲《庄子心得》时说:"做学问的最高境界是通透。"她这里说的通透应该是指没留下任何疑问。从内涵来看,认知切入把复杂问题简单化,要实现思想"空闲",举重若轻,四两拨千斤;心理切入要达到思想"自由",不要受条条框框的制约;知识切入就是要实现思想"单纯",心无旁骛,不要受外界干扰。空闲+自由+单纯=玩,教学与科研是"玩"出来的,不是"逼"出来的,是一种发自内心的积极主动的行为,是一种快乐的事,不能等,不能靠,不能依赖,天上不会掉馅饼。

艺术式教学法主要应该是研究生(硕士生和博士生)的教学方法,在这期间教学活动立足于学生的自学,老师只是花很少的时间在关键的地方点拨一下,老师的作用就在于此,老师的点拨和启发可以让学生减少一些时间。若没有老师点拨,研究生根据这套方法自己学完全行得通,只不过要多花一些时间。这是培养研究生的第三层次,是最高境界,老师根本不用告诉学生任何知识,只需把这套方法告诉学生,老师最省力,而且效果最好。

老师带研究生的第二层次是老师把未知的知识要点(想法)告诉学生,当然老师对未知知识的细节也不清楚,只是把自己初步的想法告诉学生,启发和点拨学生,让学生顺着这个思路把细节搞清楚,这种培养方法已有一定水平,老师只要告诉学生少量知识(思路),老师较省力,效果也较好。

老师带研究生的第一层次是老师与学生一起搞科研,经常开讨论班,老师把未知知识一点一点传授给学生,手把手教学生,这种培养方法层次最低,既费时,效果又差。其实手把手教学生主要用于课堂教学。

通俗地说,老师要适当多讲一些"树头与树根",要适当少讲一些"树枝与树叶",这两者的关系详见1.5教学法的说明中的相应部分(有两段论述)和2.5在大学课堂上具体如何实施中的相应部分。

有一些专家在谈到自己成功的经验时,也谈到类似的看法,详见2.5在大学课堂上具体如何实施中的相应部分。

这里要说明一点的是,在科研中,"读教科书写论文"才是合理的,这包括如上所说的带研究生的三个层次、三种方法,只需少量读一下综述性论文了解一下学术动态,只有个别的论文才需要仔细阅读,而我们传统认为的"读(别人的)论文写(自己的)论文"是不合理的。理由如下:①仔细分析知识切入的归纳部分与演绎部分的关系后就很容易明白,具体论文中充斥了大量错误的信息或无价值的信息,只含有很少的有价值的知识的苗头,要想发现或创造有价值的知识,必须让对新的不成熟的知识的了解尽可能少,而让对旧有知识的理解尽可能多,要吃透旧有知识,把(新的)错误的信息学进去没有任何好处,只有害处。②仔细分析认知切入部分,搞科研就是填补旧有知识的空白,只有"读教科书(描写旧有知识)写论文"存在的位置,没有"读论文写论文"存在的位置,哪怕教科书上的旧有知识也有可能是错误的,这由认知切入的三个层次可知。③论文的总结与展望部分所提的有待解决的问题如果是论文本身的推论(或进一步发展),那作者本人自己就会解决,不会留给其他人去解决,因为顺着原来思路往下推容易,真正困难的是原始性创新,是第一篇论文,而如果有待解决的问题不是顺着原来思路,需另起炉灶,那就没必要列在论文的后面,把教科书读透了就知道有哪些需要解决的问题。再有每篇论文的引言部分要引用很多参考文献也是没道理的,如果是顺着别人的思路往下搞,上面已经分析了,这不合理,如果是另起炉灶,也就没必要在引言中罗列参考文献,总结别人的工作。除非论文发现了正确的新知识,这往往出自名家之手,就可以把这篇论文与教科书同等对待。在你写的论文的引言部分提到该篇论文,介绍其中的工作,你的工作就是解决去掉教科书和该篇论文的旧有知识后有待解决的问题。即使是正确的论文也没必要在它的总结与展望部分罗列有待解决的问题,把教科书读透了,阅读一下正确的论文的摘要,就会明白还有哪些有待解决的问题。但是论文的正确率极低,绝大部分的论文都是有一定的合理性,但终归是不全面的,当然论文也有正确的,但讨论的只是表面问题或小问题。只要把教科书读透,阅读几篇综述性论文,阅读个别的具体论文,这往往是名家写的,加上观察典型实验(社会实践)现象,懂得辩证法,对领域新旧知识的认识会远大于“一定的合理性”。苏联数学家柯尔莫果洛夫曾说他只看同时代的几位大数学家的论文及上一代数学家的论文(已经经过二十年沉淀)。④全世界研究同一领域的人那么多,论文后面有待解决的问题如果有价值又容易做，人家早解决了。⑤哪怕所研究的领域没有教科书，正如认知切入的三个层次所述，也要退而求其次，把"读教科书写论文"换成"读综述性论文写论文"。一个陷在大量具体论文的汪洋大海中的人在学术上不会有成就。

另外，"读教科书写论文"首先要把教科书读透，对于成体系的基础领域来说，需要 2~3 年时间才能掌握整个领域的知识，不论是掌握旧有知识，还是发现新知识，时间都是相同的。因此，学者之间可以通过开讨论会，把对教科书上的核心知识点的理解、感想和看法谈出来，互相启发和交流，这样可以缩短对教科书上的知识的掌握时间，这如同培养研究生的第三层次，学者之间开讨论会的目的就在这里。而目前我国学者开讨论会一般不讨论思维方法，只讨论知识，而且还不是教科书上的知识，只是主讲人的论文中的内容，而且主讲人还是演绎式（填鸭式）地讲述自己论文的细节，真不如给学生上课时演绎式（填鸭式）地讲述教科书上的知识；而西方的学者开讨论会着重讨论思维方法（最多就是认知切入的一半），把教科书上的旧有知识撇到一边，最多讨论一下主讲人的论文中的主要观点，学者更喜欢讨论比论文的内容还新的不成熟的看法，互相交流切磋，看能否迸出新的思想的火花，正如第 2.2 节所谈的那样，这种思维能力是贫乏的，是温室中的弱苗，经不起推敲，他们明白此点，因此想通过互相交流切磋来辨明是非，互相启发。除了归纳式思维和互相交流切磋，西方学者实际上是通过人海战术来发现新的知识的，西方极力鼓励大胆提出各种新的想法，在众多的想法中找到一个正确的，而实际上很多引起轰动的学说要么是错误的，要么还很幼稚，这也就是西方的学术为何处于主宰地位的原因,为何会"人才辈出"的原因,为何年轻人很容易冒尖(无须继承较多的知识)的原因。正如第2章中所谈的那样,应该把这二者结合起来,而且是针对教科书上的旧有知识,不是针对某学者的论文中的内容,更不是针对比论文的内容还新的不成熟的看法,应该归纳式讨论和交流对教科书上的核心知识点的理解、感想和看法。

最后,"读教科书写论文"同样适用于科学式教学法和哲学式教学法。艺术式教学法、科学式教学法和哲学式教学法同样适用于学者的学术研究。

3.5　总结与展望

我们讨论了艺术式教学法(二)的原理,但是还有三个方面有待进一步研究。第一,从时间角度上看,如何在教学活动的整个过程中贯彻实施它,我们在前面做了一些讨论,但仍是有待进一步考虑的问题。第二,从空间角度上看,有从教学的空间场景进行分类的一些教学法,如范例教学法、辩论式教学法、发现式教学法、非指导性教学法、图表教学法、暗示教学法和启发式教学法,如何把艺术式教学法(二)应用其中,是有待进一步考虑的问题。第三,从实质内涵角度上看,如何把艺术式教学法(二)应用于每一个具体专业领域的教学,把艺术式教学法(二)与专业领域的科技知识或典型例子(如一篇文章或一首乐曲)本身内在的规律和知识相结合,仍是有待进一步考虑的问题。总体来说,第一项不可缺省,但是次要,实施容易;第二项可缺省不考虑,重要性一般,实施难度中等;第三项可缺省不考虑,但是最重要,实施最困难。这也就是上面说的,如果没有老师的点拨和引导,一定要经过2~3年的钻研,才能掌握有完备体系的整个科学领域的知识,该领域一般是基础领域不是应用领域;同样也是需要经过2~3年的钻研,才能掌握一个包含众多典型例子(如一篇文章或一首乐曲)的基础领域。艺术式教学法(一)、哲学式教学法和科学式教学法也存在类似的三个方面有待进一步发展。

艺术式教学法(二)的实施既需要教学法本身的知识(思维方法或元知识),还需要(有限几个)具体的科学领域,或者需要(有限几个)具体的艺术或文科应用领域中的(众多的、无限的)典型例子(如故事)。上面的论述是以学术界为具体的应用领域,艺术式教学法(二)可以用以培养和造就各行各业的专家(或专业人士),不仅仅用于学术界,它还可以用于各种艺术领域(娱乐界)以及其他更广泛的领域。例如:服装设计师在设计服装时,要了解旧有服装款式,要实地调查客户的需求,要吃透旧有服装款式,要了解服装流行趋势,在吃透旧有服装款式的基础上,有时要懂得使用辩证法原理,懂得设计的服装要呈现立体的动态的体系结构、一分为二(逆向思维或把互补的两种款式直接(或用一个理念)组合在一起)和一分为三,以求获得革命性的突破。企业家要具有信息、胆量和资金,在经营企业时,首先要抓住企业的拳头产品做大做强,然后围绕拳头产品进行多种经营,最后要整合企业产品,形成企业文化和企业特色。

艺术包括两大领域,一个是直接适应人脑的领域,即娱乐界,它直接让一个人的感官或大脑获得美的享受,这是狭义的艺术领域;另一个是适应人类社会的领域,即适应人类之间的对抗,如战争艺术、外交艺术、围棋艺术、社交艺术。当然像科学领域也有美的享受,科学与艺术是相通的。在这里说明一下前者,音乐主要是属于科学领域,它与逻辑是相通的,其次属于艺术领域,再次属于哲学领域,其重要性依次降低;绘画主要是属于艺术领域,其次属于科学领域和哲学领域,西方的绘画讲究色彩、光的照射和投影,中国绘画讲究思想,如徐悲鸿的《愚公移山》;文学主要是属于哲学领域,要讲究思想,其次属于艺术领域,要讲究美,再次属于科学领域,要讲究逻辑,其重要性依次降低;舞蹈介于音乐与绘画之间;中国独有的书法介于绘画与文学之间;歌曲介于音乐与文学之间;戏曲介于音乐、文学与绘画之间。在教学时可灵活地组合式地采用科学式教学法、艺术式教学法(二)和哲学式教学法。

　　仔细分析西方的教学方法和艺术式教学法易知,西方的教学法专拣艺术式教学法中容易做到的那一半,对艺术式教学法中需要下功夫才能做到另外一半就加以回避,这也许是人的惰性决定的。学者图省事,只顾开辟新方向,先占有第一个提出新思想的机会,有的只是第一个去研究一个新领域(如有一位研究神经科学的西方学者在 2000 年左右第一个提出要研究认知神经科学,实际上这位学者也不可能是第一个研究此领域的),连思想都没有提出,还有的学者提出的新思想是完全错误的,却轻易地占有了开辟新方向的学术地位,而把搞清楚里面的机制的吃力不讨好的工作留给他人去做,并把这贬称为只是技术细节而已,而实际上还有比开辟新方向更根本的工作,那就是奠定理论基础。老师和学生也图省事,只做容易的那一半。西方的学术研究尤其是科学研究是很低效的,完全是靠人海战术提出各种思想,总有人能猜对方向,然后也是靠人海战术去搞清楚里面的机制,实际上最后这也是靠比开辟新方向的学者更出色的学者单独做到的,因此西方靠人海战术也能推动学术研究尤其是科学研究的发展,加上近现代的科学起源于西方,古代科学主要也是起源于古希腊,他们已经占有了先机,因此西方的教学法的缺陷长久地影响整个西方社会(应该是从古希腊就已经是这样了,古希腊的先贤们也是擅长开辟学术方向),他们是不会加以反思的。

近代科学起源于近代伽利略的实验验证和古希腊的演绎系统,它们分别对应于艺术式教学法(一)和艺术式教学法(二)的认知切入的感性认识,以及更深一层的理解和认识,西方近现代科技的繁荣依靠的是西方的教学方法,笔者认为近代科学没有起源于中国是因为中国传统文化中没有艺术式教学法,两种都缺乏,而且中国传统文化的核心是自成一体的哲学思想体系,学者思想被束缚,很难从中走出来。这里笔者试着回答了李约瑟之问,李约瑟是西方研究中国科技史的专家,他的问题是:“尽管中国古代对人类科技发展做出了很多重要贡献,但为什么近代科学和工业革命没有在中国发生?”最后,中国的学术研究要走向繁荣,尤其是科学研究要走向繁荣,立足点之一就是艺术式教学法,两种都需要。

结合第1章,从辩证法的角度系统而严密地论述了西方的教学法(如何培养中小学生和如何培养专家)体系,并系统而严密地指出了其弊端,西方的教学法实际上是艺术式教学法(一)和艺术式教学法(二)的局部,最后系统而严密地论述了艺术式教学法（一）和艺术式教学法（二）的整个方法体系。整个论述不是泛泛而谈，既具有系统性，又具有可操作性。我们所用的理论工具是辩证法。对西方的教学方法来说，它是教学活动的生态，更是孙悟空的紧箍咒，它既限制了一般的教学活动，也限制了一般的学术研究，这在第 2 章中也有详细而具体的根据可以证明。我们应该辩证地看待西方教育，西方的教育带来了古希腊文明的兴起、近代的文艺复兴和现代的西方文化的繁荣，但是我们也要看到西方的教育弊端，在艺术式教学法（一）和艺术式教学法（二）中，西方的教学还有一半缺陷。我们绝对不能被西方文化的繁荣甚至处于当今世界的主宰地位遮住了双眼，妄自菲薄。

第4章

哲学式教学法

　　中国人做学问的方法一般都是把先贤的著作当作金科玉律，按部就班，亦步亦趋，对提出各种新观点或新学说采取抵制反对态度，中国古代大量对先贤经典著作的注疏及引经据典就是这样。这反映在教育上，老师上课往往就是对著作中的大量例子进行细节描述，咬文嚼字，只讲解字、词和句，不懂得每个典型例子所蕴含的道理、背景和来龙去脉，只懂得每个典型例子的细节描述中所蕴含的辩证法原理，不懂得每个典型例子所蕴含的道理、背景和来龙去脉的描述中所蕴含的辩证法原理，把先贤的著作中的只言片语当作金科玉律，引经据典，没有讲解每个典型例子的中心思想，没有讲解每个典型例子(如一些深奥的寓言故事)的静态空间描述的核心部分具体指的是什么，因为次要内容常被忽略，所以往往没有指出每个典型例子的过程描述的主要步骤具体指的是什么，更糟糕的是让学生囫囵吞枣地死记硬背。这是培养书呆子的方法，这如同只讲"树枝、树叶"，就是所谓的"满堂灌"，没有抓住典型例子的中心思想，既回答不了"怎么样"的问题(典型例子的静态空间描述的核心部分和过程描述的主要步骤具体指的是什么，实际指的是什么实践)，也回答不了"为什么"的问题(典型例子所蕴含的道理、背景和来龙去脉，

及它们的语法、语义和语用的整体结构）。演绎式教学的好
处以及不重视归纳式教学的弊端详见第 1 章。

　　这方面已经有很多论述了,但是每个人都是从自己的角
度加以论述,都只是大致说说,不够系统和严密,笔者进行深
入的研究后发现,它实质上是一个系统而严密的教学方法体
系,笔者从辩证法角度系统而严密地论述了中国的传统哲学
的旧有的教学方法体系,并系统而严密地指出了其弊端,最
后系统而严密地论述了哲学式教学法体系。

4.1　中国传统哲学的教学方法体系

　　用图示来说明辩证法,在中国传统哲学中,最常见的图
形就是太极图,辩证法说的是物极必反,因此黑中一定有一
点白,白中一定有一点黑,而且它们还可以形成层层嵌套的
结构,即黑中一定有一点白,这一点白中一定还有一点点黑,
原来的黑中去掉一点白后还会有一点点白,依此类推,这样
事物才合理。如图 4-1 所示。

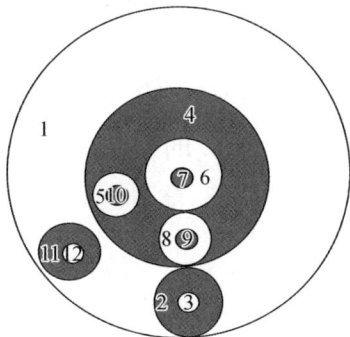

图 4-1　传统哲学的教学方法

首先,对某个领域的每个典型例子(故事、寓言、神话和对话等)的核心部分,可以有三个层次的认识(归纳的方法)。

圆圈 1 表示某个领域的每个典型例子的细节描述(时间与空间部分,即过程和静态空间结构)及其对该典型例子(的核心部分)的理解和认识(归纳的方法)。

【圆圈 1-圆圈 4-圆圈 2-圆圈 11】表示每个典型例子的细节描述,中国古代大量对先贤经典著作的注疏就属于这一方面。

【圆圈 4+圆圈 2+圆圈 11】表示对每个典型例子(的核心部分)的理解和认识,可以有三个层次的认识(归纳的方法)。

4.1.1　第一层次:相对于第二层次属客观认识部分

圆圈 11 表示每个典型例子(的核心部分)具体指的是什么,实际指的是什么,如何与实际相匹配,对此不需要考虑匹配的细节(语义部分),即对每个典型例子(的核心部分)的感性认识(归纳的方法)(语义部分)。

【圆圈 11-圆圈 12】表示每个典型例子的静态空间描述的核心部分具体指的是什么(归纳的方法)(空间部分)(语义部分)。

圆圈 12 表示每个典型例子的过程描述的主要步骤具体指的是什么(归纳中的演绎)(时间部分)(语义部分)。以上可参见第 1 章、第 2 章、第 3 章和第 5 章中对应的感性认识部分。

4.1.2 第二层次:相对于第一层次属主观认识部分,相对于第三层次属客观认识部分

圆圈 2 表示对每个典型例子(的核心部分)的直接理解和认识(归纳的方法)(语义与语法部分)。

【圆圈 2-圆圈 3】表示每个典型例子的主要内容,每个典型例子的主要内容的意思和内涵(归纳的方法)(时间与空间部分)(语义与语法部分)。

圆圈 3 表示每个典型例子中重要的只言片语,重要的只言片语的意思和内涵(归纳中的演绎)(时间与空间部分)(语义与语法部分)。引经据典引用的就是只言片语,现今大量使用的成语很多来自先贤的经典著作。

4.1.3 第三层次:相对于第二层次属主观认识部分

圆圈 4 表示对每个典型例子(的核心部分)的更深一层的理解和认识(归纳的方法)(语义、语法与语用),包括它所蕴含的实质内涵、意义、道理、价值、背景和来龙去脉(归纳的方法)(时间与空间部分),每个典型例子的细节描述所应满足的语义、语法和语用(归纳中的演绎)(时间与空间部分),以及前者所应满足的语义、语法和语用的整体结构。

【圆圈 4-圆圈 6-圆圈 8-圆圈 5】表示每个典型例子(的核心部分)所蕴含的实质内涵、意义、道理、价值、背景和来龙去脉。

圆圈 6 表示语用上一分为三分别用于每个典型例子,以及每个典型例子(的核心部分)所蕴含的道理、意义和实质内涵。

圆圈 8 表示语法上一分为二分别用于每个典型例子,以及每个典型例子(的核心部分)所蕴含的道理、意义和实质内涵。

圆圈 5 表示语义匹配和语义上所呈现的立体的、动态的体系结构分别用于每个典型例子,以及每个典型例子(的核心部分)所蕴含的道理、意义和实质内涵。

【圆圈 6-圆圈 7】表示语用上一分为三对每个典型例子的规定,即用一分为三在三个方面(应用场合)严格推导,从三个方面加以阐述。

【圆圈 8-圆圈 9】表示语法上一分为二对每个典型例子的规定,即用一分为二在相反的两种条件下严格推导,一步步空间分类,或一步步按时间顺序跳转。

【圆圈 5-圆圈 10】表示语义上对每个典型例子的规定,即由核心知识出发每一步严格推导含有的语义结构,由上一步严格推导(语义匹配)出下一步,这个语义结构决定了由初始条件一步步严格推导出结论。

圆圈 7 表示语用上一分为三对每个典型例子(的核心部分)所蕴含的道理、意义和实质内涵的规定,即每个典型例子(的核心部分)所蕴含的道理、意义和实质内涵在语用上满足一分为三的整体结构。

圆圈 9 表示语法上一分为二对每个典型例子(的核心部分)所蕴含的道理、意义和实质内涵的规定,即每个典型例子(的核心部分)所蕴含的道理、意义和实质内涵在语法上满足一分为二的整体结构,如从语法上表示动与静的关系,动能转化成静,静能转化成动,能量一定守恒,如以退为进、声东击西、移花接木和瞒天过海。

圆圈 10 表示语义上立体的、动态的体系结构对每个典型例子(的核心部分)所蕴含的道理、意义和实质内涵的规定,即每个典型例子(的核心部分)所蕴含的道理、意义和实质内涵在语义上所蕴含的整体结构,呈现立体的、动态的体系结构。

在这个图示中,白色区域表示中国的传统哲学的教学方法,黑色区域表示此教学方法未涉及的部分,我们仔细分析一下白色区域可知:【圆圈 1-圆圈 4-圆圈 2-圆圈 11】为白色区域,表明(不论是古代的或现代的)一般老师表面上能给学生描述典型例子的细节,咬文嚼字,对字、词和句加以讲解;【圆圈 6-圆圈 7】为白色区域,表明一般老师知道每个典型例子在语用上分成三个方面,即可应用于三个场合,懂得向学生描述讲解;【圆圈 8-圆圈 9】为白色区域,表明一般老师知道语法上一分为二对每个典型例子的规定,即用一分为二在相反的两种条件下严格推导,一步步空间分类,或一步步按时间顺序跳转,懂得向学生描述讲解;【圆圈 5-圆圈 10】为白色区域,表明一般老师知道语义上对每个典型例子的规定,即由核心知识出发每一步严格推导含有的语义结构,由上一步严格推导(语义匹配)出下一步,这个语义结构决定了由初始条件一步步严格推导出结论,懂得向学生描述讲解;圆圈 3 为白色区域,表明一般老师知道典型例子中的重要的只言片语,懂得向学生描述讲解;圆圈 12 为白色区域,表明一般老师懂得向学生描述讲解每个典型例子的过程描述的主要步骤具体指的是什么,如何与实际相匹配,对此不需要考虑匹配的细节。

【圆圈 4-圆圈 6-圆圈 8-圆圈 5】为黑色区域,表明一般老师没有给学生讲解(自己可能也不理解)每个典型例子(的核心部分)所蕴含的实质内涵、意义、道理、价值、背景和来龙去脉;圆圈7为黑色区域,表明一般老师没有给学生讲解每个典型例子(的核心部分)所蕴含的道理、背景和来龙去脉在语用上满足一分为三的整体结构;圆圈9为黑色区域,表明一般老师没有给学生讲解每个典型例子(的核心部分)所蕴含的道理、背景和来龙去脉在语法上满足一分为二的整体结构;圆圈10为黑色区域,表明一般老师没有给学生讲解每个典型例子(的核心部分)所蕴含的道理、背景和来龙去脉在语义上所呈现的立体的、动态的体系结构;【圆圈2-圆圈3】为黑色区域,表明一般老师没有向学生讲解每个典型例子的主要内容、它的意思和内涵;【圆圈11-圆圈12】为黑色区域,表明一般老师没有向学生讲解每个典型例子的静态空间描述的核心部分具体指的是什么,实际指的是什么,如何与实际相匹配,对此不需要考虑匹配的细节。

由上面的分析可知,中国的传统哲学的教学方法是:一般老师只是懂得讲解典型例子在细节上的展开,咬文嚼字,对字、词和句加以讲解;不懂得向学生讲解(自己可能也没掌握)典型例子(的核心部分)所蕴含的道理、背景和来龙去脉,一般老师只懂得讲解每个典型例子语用上一分为三的规定、语法上一分为二的规定和语义上的规定(语义匹配),不懂得讲解每个典型例子(的核心部分)所蕴含的道理、背景和来龙去脉语用上一分为三的规定、语法上一分为二的规定和语义上含有的整体结构的规定(它所呈现的立体的、动态的体系结构);一般老师只懂得讲解和引用典型例子的重要的只言片语,不懂得讲解典型例子的主要内容;一般老师只懂得向学生描述讲解每个典型例子的过程的主要步骤具体指的是什么,如何与实际匹配,对此不需考虑匹配的细节,不懂得向学生讲解每个典型例子(如一些深奥的寓言故事和神话故事)的静态空间描述的核心部分具体指的是什么,如何与实际相匹配,对此不需要考虑匹配的细节。

4.2 哲学式教学法体系

对于一个中国的传统哲学领域,要掌握其中每个典型例子(的核心部分)所蕴含的道理、背景和来龙去脉,每个典型例子(的核心部分)所蕴含的道理、背景和来龙去脉语用上一分为三的规定、语法上一分为二的规定和语义上含有的整体结构的规定(它所呈现的立体的、动态的体系结构),每个典型例子的主要内容,每个典型例子的静态空间结构描述的核心部分具体指的是什么,出路只有一条,老师必须通过归纳的方法自己先掌握,老师在备课时要花较长的时间琢磨和推敲,然后也要通过归纳的方法向学生传授(点拨和启发)。最后,中国传统哲学的传统演绎式的教学方法仅作为辅助的教学方法。具体来说,对于初学者(小学生、初中生),以演绎式教学为主,但也要有少量归纳式教学;对于中等程度学习者(高中生、中专生),演绎式教学与归纳式教学各占一半;对于高级学习者(大学生及以上),以归纳式教学为主,以演绎式教学为辅。我们要根据课程的具体情况及学生的学习程度灵活掌握演绎式教学与归纳式教学的比例。演绎式教学是辅助的,归纳式教学才是人类认知的基础,我们一定要注意,没有归纳式教学就等于没有思考。

4.3　教学法的说明

有一点要说明的是:每个典型例子的细节描述占有最大圆圈的大部分,古代先贤在每个领域的经典著作实际上就是由该领域的一些典型例子的细节描述所组成的,其他部分就是教学时的理解和认识,这种理解和认识包括三个层次,一般老师只懂得传统的演绎式的教学方法,不懂得归纳式的教学方法。另外,在对典型例子的三个层次的认识中,第一层次感性认识(实践)是最需要的,不能缺省;第二层次次之,可以缺省;第三层次更可以缺省。但是,由圆圈的大小可知,第三层次最重要,然后才是第二层次,最后才是感性认识(实践)。

利用哲学式教学法进行教学的典型例子包括历史、文学和哲学中的典型例子,以及道家、儒家和佛家的学说中的典型例子。短时间内,历史中某个恰如其分的典型例子就可以让人们开窍,从中学到经验,找到所面临的问题的解决办法。对于包含众多典型例子的文学领域来说,在没有老师引导和点拨的情况下,对一个典型例子的处理可能不需要太长时间,但是需要用多个典型例子来训练,因此与科学式教学法与艺术式教学法(二)类似,需要2~3年的钻研,才能成为文学家或文学方面的专业人士。与艺术式教学法(一)类似,此教学法可以连续适用于哲学领域内的多个典型例子(广大的空间),而每个典型例子的处理需要一段时间,因此它可以保证一个普通人在长时间内(估计 10 年)适用,不会出现心理障碍,这些典型例子是人们经验的总结和感悟,努力掌握其中一部分可以增加人们的各种经验,可以使人变得更聪明。佛家学说中的典型例子与历史类似,短时间内,佛家的学说中某个恰如其分的典型例子就可以让人们开窍,使人们想得开,从心灵的痛苦中解脱出来。与文学领域的典型例子类似,在没有老师引导和点拨的情况下,要掌握道家的学说中的一些典型例子,达到像《庄子》中的《逍遥游》和《齐物论》中描述的那种境界(大致说说,并不准确)的专家或专业人士,一定需要 2~3 年的钻研才行。与哲学领域的典型例子类似,此教学法可以连续适应于儒家学说中的多个典型例子(广大的空间),而每个典型例子的处理需要一段时间,因此它可以保证一个普通人在长时间内(估计 10 年)适用,不会出现心理障碍,能够不断得到心理安慰,使人们想得开,可以使人变得更聪明,能够不断提高和充实一个人的道德水平,正所谓十年树木,百年树人。

　　哲学式教学法在实施时只是少量讲述教学法本身的知识(思维方法或元知识),大部分是讲述一些典型例子。对典型例子,在学习时要做到触类旁通、举一反三。而且一个领域的代表性的学说往往只是一篇文章,其中罗列了该领域的一些典型例子,因此要在尽量短的时间内掌握中国传统哲学的精神实质需要吃透经典著作。

　　另外,中国的传统哲学从语用上、空间上分成三个领域,对每个领域依同样的方法划分,如此层层递归,每个(子)领域的学说就是该领域的一些典型例子的罗列。但是,我们的先贤往往出于"宁当鸡头不当凤尾"的心态,经常把自己研究出来的一些典型例子罗列起来,建立一套学说,自己出著作,而不愿意把自己研究出来的典型例子作为同领域的第一本著作的补充,因此各个(子)领域的著作就比较杂乱。实际上每个(子)领域只需第一个人写一本著作,后来的研究者往上补充典型例子就行了,这些典型例子才更有可能永久流传后世。这样就会形成如下标准的形式:一分为三划分(子)领域,对每个(子)领域依同样的方法划分,如此层层递归。因此,对那些较大的领域,有必要组织专家加以整理,这样才便于历史传承,一些不怎么著名的著作其中也可能含有很好的典型例子,但随着这本著作的失传,这些很好的典型例子就可能全部丢失。

对于高级学习者,以归纳式教学为主,老师只是花很少的时间在关键的地方点拨一下,教学活动立足于学生的自学,老师的点拨和启发可以让学生降低一些时间成本。学生按照这套方法自己学习完全行得通,只不过要多些时间。可以把中国的传统哲学作为高中生或大学生的必修课程。

在教授文学、历史、哲学等知识时,一般的大学课堂就是采用哲学式教学法的演绎部分进行教学的,这就像在学生周围筑起了一堵墙,一条缝都没有。所以存在三种学生:一种学生是不求甚解,亦步亦趋,这种学生众多。另一种学生是自己(不是老师启发)知道了大圆圈中的一部分小黑圆圈,尤其是圆圈11和圆圈2,这部分学生学习成绩会很好,但是他们没有认识到教学法的核心——艺术式教学,所以将来在科研上表现平平。还有一种学生,本身早就养成了归纳式学习(艺术式教学的一部分)的习惯,但到了大学就无法适应演绎式教学,而且这种演绎式教学还带有严重轻视和否定实践和感性认识的习惯。因为在每个典型例子(的核心部分)的理解和认识中,感性认识是最次要的,所以常被忽视。有些课程实践和感性认识是一定需要的,课本上是不会介绍的,没有了这种感性认识,第三种学生自己看书如同看天书,翻来覆去看,就是不知道什么意思,他们常要经受煎熬。如果能提供给他们感性认识的机会,然后有名师对他们进行启发和点拨,给他们开个窗子或一条缝,将来必成大器。

通俗地说,老师要适当少讲一些"树枝与树叶",要适当多讲一些"树头与树根",这两者的关系具体详见1.5教学法的说明中的相应部分,2.5在大学课堂上具体如何实施中的相应部分和3.4教学法的说明中的相应部分。

4.4 总结与展望

哲学式教学法的实施既需要教学法本身的知识(思维方法或元知识),还需要(有限几个的)具体的文科应用领域中的(众多的、无限的)典型例子。如上所述,把教学法与每个典型例子结合,可以用于文学、历史和哲学领域,它应该是这三个专业的大学生、硕士研究生及博士研究生采用的方法。实际上,它也适用于中小学生在这三个领域的教学,不过此时要多讲述"树枝与树叶",与适用于中小学生的艺术式教学法(一)是相通的。

另外,把教学法与每个典型例子结合,可以适用于各种各样的人,它可以用以培养和造就各行各业的专家或专业人士,也适用于培养和教育普通人。例如培养历史学家、文学家、哲学家、军事家、政治家、外交家、企业家、厨师等。

　　哲学式教学法实质上是中国传统哲学原理的第一部分，它是用来教育和培养所有人的，它能扩大和发展人思维的积极部分，提高人们的认知能力，从而使人变得更聪明。典型例子是中国传统哲学原理的第二部分，是人们经验的总结和感悟，努力掌握其中一部分可以增加人们的各种经验，从而使人变得更聪明。而道家、儒家和佛家是中国传统哲学原理的第三部分，它们是用来调节和疏导人的心理的，它们能消除人的思维的消极部分，使人们想得开，从而变得更聪明。它们三者的关系是：哲学式教学法与典型例子分别属于不同层次，典型例子与道家、儒家和佛家的内容混合在一起，没有明确的界限，哲学式教学法与道家、儒家和佛家的内容是分开的，有明确的界限，但它们是并列的。因此，这就有一个问题，道家、儒家和佛家的内容能否采用哲学式教学法进行教学？应该说其内容与典型例子形式相同，因此同样采用哲学式教学法进行教学。最后说明一下，典型例子指的是哲学知识，就是文学、历史、哲学，道家、儒家和佛家指的是它们的心理描述部分。

　　中国的传统哲学的旧有的教学方法只有演绎部分，没有归纳部分，其根源可能是以前的私塾教育的年限短，面对的学生程度低。老师弄懂了一分为二后，就把它当宝贝，不愿传授给学生。当然，把一分为二到处讲、经常讲可能也不合适。历史教育由于过于注重史实，少有对历史事件的评论（实质内涵、意义、道理、价值、背景和来龙去脉），哲学由于过于抽象，极少有对先贤经典著作的评论，中国古代有大量对先贤经典著作的注疏就是例证，只有文学除外，在中国古代有文学评论存在,如《文心雕龙》。另外,儒家思想渗透到教育的方方面面,处处要求学生恭顺,更加剧了演绎式教学的大行其道。

笔者从辩证法的角度出发,严密而系统地论述了中国的传统哲学的旧有教学方法体系及其存在的弊端,最后严密而系统地论述了哲学式教学法体系。整个论述不是泛泛而谈,既具有系统性,又具有可操作性。而且我们所用的理论工具是辩证法几次层层嵌套以后形成的结构。如果不考虑文学中固有的文学评论,对中国的传统哲学的旧有的教学方法来说,它是教学活动的生态,更是"孙悟空的紧箍咒",它既限制了一般的教学活动,也限制了一般的学术研究。

第5章

科学式教学法

在学术与教学上,中国演绎式方法的现状详见第 2 章的开头部分。这如同只讲"树枝与树叶",是所谓的"填鸭式"教学,是培养"书呆子"的方法。这既没有抓住科学领域的基本概念,也回答不了怎么样(科学知识具体指的是什么,实际指的是什么实验或实践),也回答不了为什么(科学知识所蕴含的道理、背景和来龙去脉,公理、定义和数学公式的语法、语义和语用的整体结构)。演绎式教学的好处及不重视归纳式教学的弊端详见 1.1。

每个人都是从自己的角度出发加以论述的,都只是大概描述一下,不够严密和系统,这方面已经有很多讨论了。笔者进一步研究后发现,它实质上是一个严密而系统的教学方法体系。笔者从辩证法角度出发,严密而系统地论述了科学式教学法体系,尤其是有完备理论体系的科技知识的教学方法,同时严密而系统地论述了目前中国的科技知识的教学方法体系及其存在的弊端。

5.1　中国科技知识的教学方法体系

如图 5-1 所示,图示说明详见 4.1 节。图中圆圈 1 表示某个科学领域,包括科学知识和它们的实质内涵、意义、道理、价值、背景、来龙去脉及更深层次的原因。

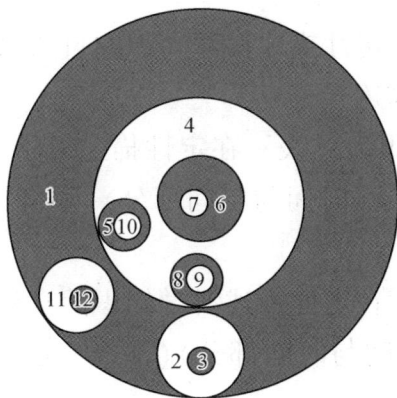

图 5-1　科技知识的教学方法

5.1.1　第一种描述语言:实验,实践,感性认识(演绎方式)(语义部分)

圆圈 11 表示某领域的科技知识(包括过程描述与静态空间描述)具体指的是什么,具体如何与实际实验现象匹配,即与实际实验现象匹配的细节。

【圆圈 11-圆圈 12】表示某领域科技知识的过程描述的每一步具体指的是什么,即与实际实验现象匹配的细节(时间部分)(演绎方式)(语义部分)。

圆圈 12 表示静态空间描述具体指的是什么,即与实际实验现象匹配的细节(空间部分)(演绎中的归纳)(语义部分)。

5.1.2 第二种描述语言:定性描述的自然语言(演绎方式)(语义与语法部分)

圆圈 2 表示定性描述科学知识的自然语言(包括细节描述和基本概念描述)。

【圆圈 2-圆圈 3】表示在定性描述科学知识的自然语言中,对细节的描述(时间与空间部分)(演绎方式)(语义与语法部分)。

圆圈 3 表示在定性描述科学知识的自然语言中,对基本概念的描述(空间与时间部分)(演绎中的归纳)(语法与语义部分)。

5.1.3 第三种描述语言:数学语言(定量描述)(演绎方式)(语用、语法和语义部分)

圆圈 4 表示定量描述科学知识的数学语言。

圆圈 6 表示在用数学定量描述科学知识时,语用上含有的一分为三(公理——证明,定义——计算,数学公式——函数映射)的整体结构,以及由核心知识(公理、定义和数学公式)出发用一分为三在三个方面严格推导,这是从语用角度来认识公理+证明、定义+计算和数学公式+函数映射。

圆圈7表示在用数学定量描述科学知识时由核心知识(公理、定义和数学公式)出发用一分为三在三个方面严格推导,包括一步一步地函数映射、证明和计算。

圆圈8表示在用数学定量描述科学知识时,语法上含有的一分为二(静态部分和动态部分)的整体结构,以及由核心知识出发用一分为二在相反的两种条件下严格推导,这是从语法角度来认识公理+证明、定义+计算和数学公式+函数映射。

圆圈9表示在用数学定量描述科学知识时,由核心知识出发用一分为二在相反的两种条件下严格推导(一步一步地证明、计算和函数映射),一步步空间分类,或一步步按时间顺序跳转。

圆圈5表示在用数学定量描述科学知识时,语义上含有的整体结构(意思与内涵),包括公理、定义和数学公式含有的整体语义结构(立体的动态的体系结构),以及证明过程、计算过程和函数映射过程中每一步严格推导含有的语义结构,由上一步严格推导(语义匹配)出下一步。

圆圈10表示证明过程、计算过程和函数映射过程中每一步严格推导含有的语义结构,由上一步严格推导(语义匹配)出下一步,这个语义结构决定了由初始条件一步步严格推导出结论。

【圆圈4-圆圈6-圆圈8-圆圈5】表示去掉三种整体结构和三种演绎推导后的定量描述的数学语言,三种整体结构包括语用上一分为三、语法上一分为二以及语义结构,三种演绎推导包括语义、语法和语用的演绎推导,三种整体结构和三种演绎推导是从语用、语法和语义角度来认识公理+证明、定义+计算和数学公式+函数映射的,此时定量描述的数学语言就是具体的公理、定义和数学公式,以及具体地一步一步地证明、计算和函数映射。

【圆圈 6-圆圈 7】表示在用数学定量描述科学知识时,核心知识语用上含有的一分为三的整体结构,包括公理、定义和数学公式三个方面。

【圆圈 8-圆圈 9】表示在用数学定量描述科学知识时,核心知识语法上含有的一分为二的整体结构,在公理、定义和数学公式中空间如何表示,时间如何表示。

【圆圈 5-圆圈 10】表示在用数学定量描述科学知识时,核心知识语义上含有的整体结构(立体的动态的体系结构),数学公式、公理和定义如何表示核心知识的意思和内涵。

5.1.4 科学知识的实质内涵

【圆圈 1-圆圈 4-圆圈 2-圆圈 11】表示去掉三种描述语言(描述科学知识)后的科学知识的实质内涵、意义、道理、价值、背景、来龙去脉及更深层次的原因,这三种语言包括定量描述的数学语言、定性描述的自然语言及感性认识,如果把圆圈 4、圆圈 2 和圆圈 11 比作一棵大树的地面部分,那么它就是这棵大树的地下部分。【圆圈 4-圆圈 6-圆圈 8-圆圈 5】、【圆圈 2-圆圈 3】和【圆圈 11-圆圈 12】是对科学知识的细节描述,圆圈 7、圆圈 9 和圆圈 10 也属于对科学知识的细节描述,它们相当于这棵大树的树枝和树叶。【圆圈 6-圆圈 7】、【圆圈 8-圆圈 9】、【圆圈 5-圆圈 10】、圆圈 3 和圆圈 12 是对科学知识的核心部分的描述,前三者是公理、定义和数学公式分别在语用上、语法上和语义上的整体结构,后两者是基本概念和静态空间描述的感性认识,它们相当于这棵大树的树头。

　　图5-1中,白色区域表示目前中国的科技知识的教学方法,黑色区域表示此教学方法未涉及的部分。【圆圈4-圆圈6-圆圈8-圆圈5】为白色区域,表明一般老师表面上能给学生用定量的数学语言描述科学知识,能给出具体的公理、定义和数学公式。另外,由基本原理出发,一步一步严密证明或一步一步精确计算,推出许多定理或计算结果,或由原始数据出发,利用数学公式,一步一步函数映射,得出函数值。圆圈7为白色区域,表明一般老师在推导知识时,方方面面都向学生推导和讲解,总是把知识的范围考虑得很完整,一般老师懂得从三个方面(证明、计算和函数映射)推导知识。圆圈9为白色区域,表明一般老师在推导知识时,尽量把基本原理在适应的各种条件下的严格推导向学生讲解,总是把知识适应的各种条件考虑得很完整,一般老师懂得在相反的两种条件下推导知识,一步步空间分类,或一步步按时间顺序跳转,例如一个物理定律在低温的条件下和在高温的条件下各会导出什么结果,在有重力的条件下和微重力的条件下各会导出什么结果,在静止的条件下和在运动的条件下各会导出什么结果。圆圈10为白色区域,表明一般老师在推导知识时,在语义上懂得一步一步严格推导和讲解。【圆圈2-圆圈3】为白色区域,表明一般老师能用定性的自然语言向学生描述科学知识的细节。【圆圈11-圆圈12】为白色区域,表明一般老师懂得向学生讲解某领域知识的过程描述的每一

步具体指的是什么,具体如何与实际实验现象匹配(细节)。

【圆圈1-圆圈4-圆圈2-圆圈11】为黑色区域,表明一般老师并不理解(当然也无法给学生讲解)科学知识的实质内涵、意义、道理、价值、背景、来龙去脉及更深层次的原因。圆圈4中的【圆圈6-圆圈7】、【圆圈8-圆圈9】和【圆圈5-圆圈10】为黑色区域,表明一般老师虽然能从整体上讲解数学上的证明过程、计算过程和函数映射过程,但并不理解公理、定义和数学公式语用上蕴含的一分为三结构,也不理解语法上蕴含的一分为二结构,也不理解语义上蕴含的整体语义结构(立体的动态的体系结构)。圆圈3为黑色区域,表明一般老师上课也没有给学生讲解(自己很可能也不懂得)基本概念,具体来说,不理解时间上基本概念是怎么得来的,空间上基本概念能用到哪里去,不懂得基本概念的价值,实质内涵上基本概念的意思和内涵。圆圈12为黑色区域,表明一般老师上课没有给学生讲解静态空间描述具体如何与实际实验现象匹配,即与实际实验现象匹配的细节。

由上面的分析可知,目前中国的科技知识的教学方法是:一般老师只懂得讲解科学知识在细节上的展开,不懂得向学生讲解(而且自己也没掌握)科学知识的核心部分。具体来说,一般老师只懂得给出具体的公理、定义和数学公式,以及讲解证明过程、计算过程和函数映射过程,后者包括具体的角度和语用、语法和语义的抽象角度,面面俱到,这两种角度都是细节描述;一般老师只懂得讲解自然语言在细节上的描述;一般老师只懂得讲解某领域科学知识的过程描述的每一步具体指的是什么,具体如何与实际实验现象匹配。

5.2　科学式教学法体系

对于一个科技知识的完备理论体系(需要数学定量描述),如物理学中的狭义相对论和电磁场理论,要掌握科学知识的实质内涵、意义、道理、价值、背景、来龙去脉及更深层次的原因,要吃透公理、定义和数学公式语用上所蕴含的一分为三结构(即理解三者各自的意思)、语法上所蕴含的一分为二结构,以及所蕴含的语义结构,要吃透科学知识中的基本概念,要吃透静态空间描述具体如何与实际实验现象匹配,即与实际实验现象匹配的细节,出路只有一条,老师必须通过归纳的方法自己先掌握,老师在备课时要花很长的时间琢磨和推敲,然后也要通过归纳的方法向学生传授(点拨和启发);对于没有完备理论体系的科技知识领域,要掌握科学知识的核心部分,也要通过归纳的方法。中国传统的演绎式的教学方法仅是辅助的方法。具体来说,以演绎式教学为主,但也要有少量归纳式教学,这适用于初学者(高中生、中专生);归纳式教学与演绎式教学各占一半,这适用于中等程度学习者(大学生);以归纳式教学为主,以演绎式教学为辅,这适用于高级学习者(硕士研究生及以上)。我们要根据学生的程度及课程的具体情况灵活掌握归纳式教学与演绎式教学的比例。但一定要注意,没有归纳式教学就等于没有思考,归纳式教学才是人类认知的基础。

5.3　教学法的说明

　　有一点要说明的是,科学知识的实质内涵、意义、道理、价值、背景、来龙去脉及更深层次的原因,占有最大圆圈的大部分,它是任何科学领域的主体,它是人们科学研究和教学的主攻方向,人们通过归纳的方法虽然可以发现更上几级的科学知识的核心部分,前三者是公理、定义和数学公式分别在语用上、语法上和语义上的整体结构,后两者是基本概念和静态空间描述的感性认识,但这只是一小部分,这说明自然界奥妙无穷,人们的认识是有限的,人们掌握的知识也是有限的。另外,在描述科学知识的三种语言中,感性认识(实验或实践)是必需的,不能缺省;自然语言次之,可以缺省;数学语言排第三,更可以缺省。但是,由圆圈的大小可知,数学语言最重要,然后才是自然语言,最后才是感性认识(实验或实践)。人们对科技知识的理解与认识的先后顺序是:①感性认识;②自然语言;③数学语言;④前三者的实质内涵、意义、道理、价值、背景、来龙去脉以及更深层次的原因。

　　还有一点要说明的是,从图4-1和图5-1的对比可以看出,中国传统哲学的教学方法的实质与中国科技知识的教学方法的实质是互补的,这是教学活动的生态,是必然的。但它们实际上是共通的,都是只注意细节和表面的讲述(演绎式教学),不重视归纳式教学。

　　一个科技知识的完备理论体系有大小与难易之分,小的话几个月就可掌握,大的话2~3年才可以掌握。对于没有完备理论体系的科技知识领域,一年之内应该可以掌握,而且其教学方法与艺术式教学方法(二)(详见第3章)是类似的,不论是掌握旧有知识,还是发现新知识,时间都是相同的。实际上,要真正掌握一个大的科技知识的完备理论体系,必须是在博士生或硕士生阶段,而且归纳学习的过程很漫长,博士生阶段的2~3年内一般只能系统掌握一个大的科技知识的完备理论体系。在这期间教学活动立足于学生的自学,老师只是在关键的地方花很少的时间点拨一下,如公理、定义和数学公式的实质内涵、语法、语义和语用,老师的点拨和启发可以让学生减少一些时间成本。而且学生根据这套方法自己学完全行得通。

对于一个科技知识的领域来说,绝大部分采用艺术式教学法(二),科学式教学法实际上只是辅助的教学方法。笔者认为如果一个科技知识的领域没有大的完备理论体系,则无须设立博士学位,换句话说,只有具有大的完备理论体系的科技知识领域才需要设立博士点,这往往是在物理、数学和计算机中的一个大的领域,其他绝大部分的科技知识领域一般只需要设立硕士点就足够了。

还有一点要说明的是,科学式教学法笼统来说包括以下三种:①科技知识的归纳式教学方法,正如本章论述的,这如同一棵大树的树头和树根,是一种决定性的大方法;②科技知识的演绎式教学方法,正如本章论述的,这如同一棵大树的树枝和树叶,是一种辅助方法;③最后一种就是纯粹的演绎式教学,适用于制订长远或全局的教学计划,如把一些基本概念或思想引入低年级(包括小学)的教材,又如编写整个专业(大学教学)或整本书的教学大纲,它不适用于当堂课中短期或局部的知识教学,仅起辅助作用。应该清楚的是,这实际上不仅是一种教学方法,在其他非教学场合,也可以用于制订长远或全局的计划。

一般的大学课堂在教授科学知识时就是采用 5.1 中的方法进行教学的。所以存在三种学生:一种学生是亦步亦趋,不求甚解,这种学生众多;另一种学生是自己(不是老师启发)知道了大圆圈中的一部分小黑圆圈,尤其是圆圈 12 和圆圈 3,这部分学生学习成绩会很好,但是他们没有认识到教学法的核心——艺术式教学,所以将来在科研上表现平平;还有一种学生,本身早就养成了归纳式学习(艺术式教学的一部分)习惯,但到大学就无法适应演绎式教学了,而且这种演绎式教学还带有严重轻视和否定实验的习惯,因为在三种描述语言中,感性认识是最次要的,常被忽视。我们以计算机学科为例子,计算机学科是工科,实践和感性认识是必需的,课本上是不会介绍的,没有了这种感性认识,第三种学生自己看书如同看天书,每个字都是小学毕业时就认识的字,可是翻来覆去地看,就是不知道是什么意思,他们常要经受煎熬,如果能提供给他们一些实践机会,然后有名师对他们进行启发和点拨,给他们开个窗子,将来必成大器。通过以上分析可知,对于科学知识的教学来说,我们的大学教育层次是很低的,而且只教给学生一点皮毛。

通俗地说,老师要适当多讲一些"树头与树根",要适当少讲一些"树枝与树叶",这两者的关系详见 1.5、2.5、3.4 和 4.3。

对于本科生来说,一门课程只有一学期的学习时间,这对要掌握一个科技知识的完备理论体系经常是不够的,因此此时可根据实际情况降低要求,这与第2章中所述的内容是一致的,对于中专生与高中生更是如此。具体来说,"树头"可以不讲公理、定义和数学公式语用上一分为三的结构(对公理、定义和数学公式的分别理解)、语法上一分为二的结构和语义结构;可以少讲基本概念时间上是怎么得来的、空间上能用到哪里去、它的价值、它的实质内涵和意义;着重讲述科学知识的静态空间描述与实际匹配的细节。"树根"部分也相应降低要求。不管怎样,讲述"树枝与树叶"是辅助的方法,讲述"树头与树根"是决定性的方法。

5.4　总结与展望

科学式教学法的实施既需要教学法本身的知识(思维方法或元知识),还需要(有限几个的)具体的科学领域。把科学式教学法与每个具体的科学领域结合,就可以培养和造就各个科学领域的专家(或专业人士)。科学式教学法实质上是属于最基本的科学原理的一部分。

太极图、图4-1和图5-1三者形成一分为三关系,其中太极图是最重要的。

从三种教学法中的每一种都可以看出,对某领域的科学知识(详见本章前面部分)、某领域的科学知识的核心部分(详见第3章)或某领域的某个典型例子的核心部分(详见第3章和第4章)的感性认识(社会实践或实验)是检验真理的第一个标准,是必需的,不可缺省。对它们的直接理解与认识有两点。首先,它一定是简单、合理、恰如其分、规范、标准、完整、系统甚至美观的，其中简单和合理最重要。其次，它一定是具体、实际、清晰和确定的，这是检验真理的第二个标准，可以缺省。对它们的更深一层的理解与认识是，语义上满足立体的动态的体系结构（或每一步推导满足语义匹配），语法上满足一分为二和语用上满足一分为三，这是检验真理的第三个标准，可以缺省。它们所蕴含的实质内涵、意义、道理、价值、背景和来龙去脉，这些必须是具体和通俗易懂的，最大的就是最小的，抽象和深奥的东西必须具有具体和通俗易懂的另一面，这是检验真理的第四个标准，对科学式教学法来说，此标准是必需的，不能缺省，对另外两种教学法来说，可以缺省。

这四个标准的重要性由小到大的两个系列为第一个标准、第二个标准和第三个标准，以及第一个标准、第二个标准和第四个标准，第三个标准和第四个标准同等重要。另外，这四个标准既是教学的方法，也是学术研究的方法。

仔细研究一下图 5-1，证明过程、计算过程和函数映射过程（公式求解过程）本身无法保证信息的正确性，无法作为真理的判断标准。只有公理、定义和数学公式，以及证明过程、计算过程和函数映射过程，满足语用上一分为三、语法上一分为二和语义上立体的动态的体系结构（或三个过程的每一步推导满足语义匹配），才能保证信息的正确性，才能作为真理的判断标准。人们经常犯的错误是证明过程、计算过程和函数映射过程能够满足上面语用、语法和语义的要求，但是公理、定义和数学公式没有满足上面语用、语法和语义的要求，人们也认为数学理论（科学理论）是正确的。

西方的科学（整个近现代科学）起源于古希腊的演绎系

统和近代伽利略的实验验证,这对应第三个标准和第一个标准,另外两个标准对于科学研究也是需要的,这一点很重要,要特别注意。

以下三个方面形成一分为三关系:对于科学式教学法来说,第三个标准和第四个标准是分开的,属于不同层次;对于艺术式教学法来说,第三个标准和第四个标准是分开的,只不过并列(相邻)放在一起;对于哲学式教学法来说,第三个标准和第四个标准是复合在一起的。

目前中国的科技知识的教学方法只有演绎部分,没有归纳部分,其根源是多方面的。中国传统哲学的旧有的教学方法只有演绎部分,没有归纳部分。儒家思想渗透到教育的方方面面,处处要求学生恭顺,更使得演绎式教学大行其道。近现代的科技知识起源和繁荣于西方,对中国来说是舶来品,传进来的时间还很短,我们还处于模仿和学习阶段。老师和学生都有演绎式惯性思维。大部分老师自己还处于模仿和学习阶段,加上演绎式贯性思维,对教科书中的核心科学原理,大部分老师自己也没真正理解,只能照搬照抄传授给学生,学生也乐意这种模仿式的学习,因为不用动脑筋。当然,学生是从属的,需要老师的教导和纠正,起决定作用的还是老师,老师的错误才是问题的关键。顺便说一句,目前大学里学生对老师的评教值从上面论述的侧面看是不能反映真实的教学质量的,漂亮的评教值底下很多时候隐藏着严重的危机。

本章从辩证法的角度系统而严密地论述了目前中国的科技知识的教学方法的整个方法体系,并系统而严密地指出了其弊端,最后系统而严密地论述了科学式教学法的整个方法体系,尤其是有完备理论体系的科技知识的教学方法。整个论述不是泛泛而谈,而是既具有系统性,又具有可操作性。而且我们所用的理论工具是辩证法几次层层嵌套以后形成的结构。对目前中国的科技知识的教学方法来说,它既限制了一般的教学活动,也限制了一般的学术研究,它是教学活动的生态,更是孙悟空的紧箍咒。

第6章 进一步的发展
——心理学方法及其他

6.1　教 学 管 理

　　教学管理的研究占了教育方面论文的大部分,这里不考虑中小学的课程教学法的论文,这方面的论文也很多,一方面大量教学管理的论文都是去研究理论上假大空的不可解(没有答案)的问题,另一方面大量论文去研究某个阶段实际的教学管理,如留守儿童的管理、大学的教育评估,即什么教学管理都研究,但不考虑去行政化,不考虑按科研和教学本身的规律加以管理,也就是下文中三点的管理,即白中三点黑。

　　教学方法不研究通用的教学方法(科学、艺术和哲学式教学法),认为教无定法,认为演绎也要,归纳也要,但实质上归纳和演绎有三种组合方式:一半黑一半白(一半归纳一半演绎,艺术式教学)、白中一点黑(演绎中一点归纳,哲学式教学)和黑中一点白(归纳中一点演绎,科学式教学)。而只研究教学活动的实施(时间上)、几种教学空间场景(空间上),

如启发式教学、图表式教学和发现式教学,以及具体某个领域知识的教学(实质内涵上),即黑中三点白(时间、空间和实质内涵三点)。

6.1.1　科学式管理:一半黑一半白

名师出高徒,学术带头人演绎式展开带一帮人,这不但可用于追踪新知识、短平快地搞科研,而且可用于对旧有知识的理解与学习(这部分空缺)。在现有条件下,大家都知道要请名师和学术带头人,但实际上极少有名师和学术带头人可请。

6.1.2　艺术式管理:一半黑一半白

同行之间经常讨论,不但讨论新知识,讨论学术动态,而且讨论旧有知识的理解(这部分空缺)。相对于西方,中国的艺术式管理有欠缺,不论是旧有知识,还是学术动态,中国都没有讨论和交流的习惯。其原因可能是中国的大多数专家还处于做学问的第一层次。舞蹈家刘敏曾说舞蹈有三个层次,第一层次为模仿,第二层次是已经有一些自己的感悟,爱表现,自然喜欢讨论和交流,第三层次是空空的,静静的。中国的大多数专家研究的领域较窄,研究的问题都很细,很难找到同一个问题的研究者来共同讨论。做主题演讲的人也是这样,他们谈得都很细,往往是一篇具体的论文,没有任何感悟和体会要谈,这需要一个归纳过程,这样的结果是既找不到"同行"听众,也不能给非同行的人有所启发。

6.1.3　哲学式管理:一半黑一半白

一般地说,要给高校老师和科研人员宽松的环境,不要逼他们出成果。因为科研是玩出来的,不是逼出来的,详见艺术式教学法。高雅地说,要用无为而治来管理高校老师和科研人员。高校老师和科研人员不但要关心学术动态,关心新的知识,而且还要对旧有知识,旧有概念花长时间琢磨、体会和品味(这部分空缺)。另外,哲学式管理的现状东西方差别很大。西方的高校老师和科研人员要尽快写出论文,年轻时要尽快出成果。中国的大学现在每隔三四年要完成少量的科研,大部分的高校老师和科研人员不懂得要对旧有知识、旧有概念花长时间琢磨、体会和品味。

6.2　教学法的本质就是
追求快乐的方法

教学法的核心就是艺术式教学法,我们来分析一下为什么艺术式教学法就是追求快乐的方法。首先对于理想切入来说,一个人有理想和目标,自然会精神饱满,容光焕发,斗志昂扬,不会萎靡不振。其次对于知识切入来说,一个人掌握了核心知识,就等于掌握了大千世界的部分规律,遇到这方面问题时自然游刃有余,驾轻就熟。再次对于心理切入来说,一个人对事物有好奇心(童心),事物对其就有一种魅力,当然乐此不疲;一个人对事物感兴趣,当然会乐在其中;一个人对事物的认识有自信心,不受权威的影响,感觉自己比权威专家还厉害,发现自己的价值,当然是快乐无比的。最后对于认知切入来说,懂得抓住事物的要点,就懂得用四两拨千斤的办法来处理事物,不会疲于奔命,不用过于操心,轻轻松松做事,不会让事物牵着鼻子走,而是成为事物的主人,自然也是快乐的。

对于哲学式教学法来说,文学、历史、哲学知识的掌握多了一个辅助的办法,主要方法还是艺术式教学法,有了哲学式教学法,学习文学、历史、哲学知识就轻松一些。对于科学式教学法来说,科技知识的掌握多了一个辅助的办法,主要方法还是艺术式教学法,有了科学式教学法,学习科技知识就轻松一些。对于上面论述的教学管理来说,显然如果能做到的话,对老师和科研人员都有帮助。

6.3　心　理　学

6.3.1　科学式心理学

科学式心理学包括两方面。一方面是规划式心理学,它需要花较长时间提前长远规划,在实施时像一棵树演绎式展开,也就是给当事人提供一件长期保障身心的事,这相当于一颗种子,能够给当事人心理安慰,以后这颗种子会发芽,长出分支,长成一棵树,该计划能够长时间起作用。另一方面是弗洛伊德的心理学,它能够短时间帮人解决问题。我们重点说明一下后者。就是一个人现在感到痛苦,心理学家会帮其归纳,追根溯源,找到源头,甚至找到幼儿园时所受到的伤害,然后面对它,整理它,归类它,简化它,从全局的角度正确认识它,最后放下它。对于比较严重的伤害,可用如下三个办法部分遗忘掉:第一,抓住这根源大喊大叫,模拟伤害你的人在场,对着其大喊大叫,连哭带骂,甚至对着沙袋用力挥拳。第二,对着亲人和朋友把你受的委屈(根源)娓娓道来,平平淡淡地叙述一遍,可对着不同的人叙述几遍。第三,把身体完全放松,躺在床上或坐在椅子上,闭上眼睛,什么都不要想,心里抓住那个伤害(病灶),采用半睡半醒的方式,意识完全放松,把该病灶(部分)遗忘掉,此时会很放松地大口大口地呼吸,甚至手脚同时跟着轻松地、快速地晃动,治疗即刻就可完成。至于心理学家如何帮你追根溯源,找到源头,有两个办法:第一个办法是首先问当事人最痛苦的事情是什么(整个空间),其次从幼儿园开始到现在,在整个时间轴上什么时候开始出现问题(整个时间)的,最后当然还要询问具体出现什么问题(整个实质内涵)。也就是说,心理学家是通过对当事人整个空间、整个时间和实质内涵,追根溯源出当事人心理困窘的根源,这里心理学家采用的是一分为三的办法。第二个办法是当事人把密切相关的人用玩具小人代替,对玩具小人加以排列组合,心理学家从中看出问题出在哪个人身上。

科学式教学法既有归纳,又有演绎;弗洛伊德心理学追根溯源,采用归纳的方法;规划式心理学是演绎式展开。这三者形成一分为三的关系。

6.3.2 艺术式心理学

1. 精神分裂症的心理治疗

精神分裂症可以理解为人脑与外界之间出现认知障碍，也就是"天人合一"出了问题。也可以这样理解，精神分裂症患者是艺术式教学法的认知切入出现了问题，正确的认知切入方法本质上是归纳的方法，普通人归纳和演绎都有，而精神分裂症患者只有演绎(发散)的方法，尽抓些鸡毛蒜皮的事，在一些鸡毛蒜皮的事上大做文章，甚至把演绎的方法发挥到极致，就出现了一些症状。

当病人把演绎的方法发挥到极致时，治疗的目标就是要替病人找到安全的另一个方面，病人的头脑不是全部由病灶充斥的，在用治疗精神分裂症的药物压住病人的症状，使病人情绪稳定下来之后，就可以用心理治疗了，在短时间内(几天之内甚至马上)解除病灶，方法如下。

从时间角度，病人的头脑此时全部由病灶充斥，病人走投无路，而且已经有一段时间了，此时可以告诉病人："你的病灶只是你人生的时间轴上的一个点而已，而且已经有一段时间了，你不是没事吗?"——白(整个时间)中一点黑。

从空间角度，病人在整个空间全部由病灶充斥，如同有人追踪、无线电波监控(卫星监视)，病人走投无路，整个空间都是黑的，但是还有一点白，还有一点正常，就是病人本人的信息还是正常的，病人一直在考虑别人如何加害自己，对自己的信息没空考虑。此时可以告诉病人："把病灶中的你换成别人，就没事了。"这样伤害的是别人，而不是病人自己——黑(整个空间)中一点白。

从实质内涵角度,病人被病灶纠缠,无法脱身,把病人认为要被迫害的亲人、加害者,以及迫害的事情等倒过来看,亲人不是"亲人",加害者不是"加害者"而是帮助者,本来认为是迫害的事情其实是有益的事情,整个客观的病灶主观上还有相反的对立面——一半黑一半白。

精神分裂症患者最后就是心里有一道坎过不去。曾经有一位病人患病长达 20 年,吃的药物不管是治疗量还是维持量都比较多,一年半载就要发作一次,有时一年要发作好几次,精神状态一直很不好。为此笔者咨询过全国有名的心理专家,专家说精神分裂症找不到病因,无法进行心理治疗,而且病人的精神状态随着时间的推移会变得越来越差。专家说的应该是采用弗洛伊德心理治疗方法无法治疗。后来笔者自己断断续续摸索了几年,想出了如上的方法。在病人又一次发作时,笔者把如上的方法告诉他,他一下子就开窍了,短时间就恢复了正常,不再发作。病人同时还兼有懒惰症,我再告诉他平时要勤快,要多劳动,要多娱乐,看电视和上网等也是劳动。现在 10 年过去了,他一次也没再发作过,除了正常工作和买菜,他每天还坚持锻炼身体,一天散步一个小时,平时还喜欢上网,他所吃的药物的维持量很少,而且已经保持这个维持量将近 10 年了,笔者觉得他甚至可以不用再吃药。现在笔者把如上的方法呈现给读者,希望读者受益。

当病人在一些鸡毛蒜皮的事上大做文章时,其思维中实际上出现了一个与其紧密相关的至高无上的中心,演绎式地展开,把所有所听的事情和所见的事情串在一起,一旦出现坏事,心理上就无处可逃。在事情发展到半途时,可以采用如下方法解决:①把至高无上的中心与自己脱钩;②辩证地看待至高无上的中心,把其当作平凡的事情;③不要演绎式地思考问题,对所听的事情和所见的事情要归纳式地思考;④当然如果认识到至高无上的中心只是最初的一种错觉,一种错误的认识,在找到最初的错误认识后也可以马上解除症状。

2. 抑郁症的心理治疗

从时间角度,告诉抑郁症病人,你的那些痛苦的和黑暗的事情已过去,你是快乐的和光明的。一半黑一半白,过去的事情是黑,未来的事情是白,对黑要习以为常,对白要有好奇心(童心)。

从空间角度,告诉抑郁症病人,你并不是最痛苦的,如果往后再退一步,后果就不堪设想。不管你受多大灾难,总还有人比你更惨,要努力往下比,努力寻找比你更差的人。例如,舞蹈演员刘岩原来为奥运会开幕式独舞者,在排练时,从高台上摔下,胸椎以下瘫痪,躺在床上很痛苦,医生告诉她:"如果骨折的部位往上提高10厘米,你这辈子只能躺在床上,连坐在轮椅上都不可能了,你真幸运!"从此以后,她心情就不再痛苦了,而是高兴地迎接每一天。黑中一点白,对前者(病人的痛苦事情,黑)要厌倦,对后者(更痛苦的事情,白)要有兴趣。

从实质内涵角度,告诉抑郁症病人,你感到痛苦的事情,都是一些芝麻大的、平平淡淡的、无聊的和没有意义的事情,你感到快乐的事情都是抽象的、深奥的和伟大的事情。白中一点黑,对快乐的事情(白)要有自信(胆量),大胆地去思考;对痛苦的事情(黑)要谨小慎微,不要大胆地去想痛苦的事情,不要去想后果,否则会把老鼠洞搞成防空洞。

如果出现与精神分裂症类似的症状,应先采用精神分裂症的方法处理。

采用这种心理治疗方法,病人短时间内就可以解除病灶。随着药物慢慢递减,要求病人乐观看待一些事情,这个过程会长一些。

3.狂躁症的心理治疗

从时间角度,告诉狂躁症病人,你的未来的事情都是痛苦的和黑暗的,你的那些快乐的和光明的事情已过去。一半黑一半白,对黑(过去的事情)要习以为常,对白(未来的事情)要有好奇心(童心)。

从空间角度,告诉狂躁症病人,你并不是最幸福的,如果往前再进一步,那将是更幸福的。不管你拥有多大幸福,总还有人比你更幸福,要努力往上比,努力寻找比你更好的人。黑中一点白,对更幸福的人的事情(白)要有兴趣,对病人的幸福的事情(黑)要厌倦。

从实质内涵角度,告诉狂躁症病人,你的痛苦的事情都是抽象的、深奥的和伟大的事情,你的快乐的事情都是一些芝麻大的、平平淡淡的、无聊的和没有意义的事情。白中一点黑,对快乐的事情(黑)要谨小慎微,不要大胆地去想快乐的事情,不要去想后果,这样会把老鼠洞搞成防空洞;对痛苦的事情(白)要有自信(胆量),大胆地去思考。

如果出现与精神分裂症类似的症状,此时病症是比较重的,应先采用精神分裂症的方法处理。

采用这种心理治疗方法,病人短时间内就可以解除病灶。要求病人用平常心看待"狂喜"的事情,这个过程会比较长。

狂躁症的心理治疗的三个方法与抑郁症的心理治疗的三个方法正好相反。

4. 焦虑症的心理治疗

从时间角度,告诉焦虑症病人,你所焦虑的事情还可以追根溯源,找到时间的源头,这是由时间源头的另一件事情导致的,眼前的这件事情无须焦虑。一半白一半黑,现在的事情为黑,过去的事情为白。

从空间角度,告诉焦虑症病人,你所焦虑的事情空间上可以推广开,可以导致很多有意义的事情,眼前的这件事情只是一个点,无须焦虑。即白中一点黑。

从实质内涵角度,告诉焦虑症病人,你所焦虑的事情从实质内涵上看再怎么抽象、再怎么深奥和再怎么伟大,也有具体、平凡和渺小的一个侧面,哪怕芝麻大的事情也还是必定存在的,眼前的这件事情无须焦虑。即黑中一点白。

如果出现与精神分裂症类似的症状,应先采用精神分裂症的方法处理,服用治疗精神分裂症的药物,同时采用精神分裂症的心理治疗。

采用这种心理治疗方法,病人短时间内就可以解除病灶。要求病人看待所焦虑的事情时要带有平常心,这个过程会长一些。

注意焦虑症的心理治疗的三个方法与抑郁症和狂躁症

的心理治疗的三个方法的对应关系,它们正相反。

焦虑症的心理治疗与艺术式教学法(二)的知识切入的归纳部分类似,狂躁症的心理治疗与艺术式教学法(二)的心理切入的归纳部分一半相同一半不同,精神分裂症的心理治疗与艺术式教学法(二)的认知切入不同,以上艺术式心理学的有关方面与艺术式教学法(二)形成一分为三关系。

5. 懒惰症的心理治疗

懒惰症的根本原因在于平时任何事情都不做或应付了事,只专注于自己的理想和目标,即黑中一点白,而一旦这个理想和目标落空,则自己的一切全塌了。这直接导致病人缺乏理想、目标和追求,显得幼稚,甚至出现心灵空虚,思想颓废,精神萎靡不振,及时行乐,今朝有酒今朝醉的状态。还有更极端的情况,自然界在动,而人是动物,一定要跟着动,人脑必须与外界交互,既然正经事不做,不与外界交互了,人脑就与外界进行一些无聊之事的交互,你不去找事,事情(病灶)就会找你,就会出现精神分裂症的症状,在一些无聊的事情上陷入泥潭,无法自拔,无处可逃。

如果病人出现精神分裂症的症状,首先采用精神分裂症的方法治疗。随着药物慢慢递减,要求病人换个理想和目标,对原来的理想和目标百折不挠,降低原来的理想和目标到现实可行的水平,或者暂且不谈具体的理想与目标,而是转移目标与方向(如娱乐),重新振作起来,主动找事情来做,这些方法可以短时间内见效。《易经》中说"天行健,君子以自强不息",《孟子》中说"生于忧患而死于安乐",俗语说"人无远虑,必有近忧"。再说人是动物,一定要活动。告诉病人没事做就要找事做,安乐公和安乐婆是难当的,你不去找事做,事情(病灶、无聊之事)就会找你。活动有两种,一种是真正的劳动,另一种是娱乐,如看电视、上网和听音乐等。最好能有兴趣地做某件事。如果没有出现精神分裂症的症状,可直接要求病人按前面的那些方法做事。

注意精神分裂症的心理治疗与艺术式教学法(一)的认知切入不同,抑郁症的心理治疗与艺术式教学法(一)的心理切入的归纳部分一半相同一半不同,懒惰症的心理治疗与艺术式教学法(一)的理想切入的归纳部分类似,以上艺术式心理学的有关方面与艺术式教学法(一)形成一分为三关系。

6.3.3 哲学式心理学

1.佛家

佛家能够短时间解除人心灵的痛苦,佛家的精髓可从三个层面来认识。

(1)语用上一分为三

时间上,你所接触到的事物都是过眼云烟,大喜和大悲在你的头脑中只留下短暂的记忆;空间上,事物之间都有因果关系,每个事物有因也有果,事物之间连成一个网络,每个事物在你的头脑中至少留下三个记忆,一个原因,一个事物本身,一个后果,三种记忆能够分担同样的喜悦和痛苦;实质内涵上,主观上,你所听、所看、所行、所想和所言都是平庸的事情、中庸的事情。

(2)语法上一分为二

给自己的内心留下空间,经常关心自己的内心。不要被所从事的事情充塞你的头脑,对所碰到的大喜大悲的事情要经常整理它和简化它,大事化小,小事化了。

（3）语义上立体的、动态的体系结构

色即是空,空即是色。色就是内容,空就是你的思想空间,要海纳百川,要泰山崩于前而不改色。

2. 儒家

儒家思想在心理上能够长时间起作用,学会做人需要长时间,正所谓十年树木,百年树人。按孔子的说法,儒家思想的核心就是"忠恕",对上要忠于国家,孝敬父母,尊敬长辈,对下要关心弱势群体,关心下一代,要走"中庸之道",比上不足比下有余。

3. 道家

人们在心理上要达到《庄子》中的《齐物论》和《逍遥游》的境界需要 2~3 年时间,这只是大致的估计,并不准确。

以"道"为世界的本原,所以称为道家。"道"是中国古代哲学的重要范畴,用以说明世界的本原、本体、规律或原理。道家崇尚自然,有辩证法的因素和无神论的倾向,主张清静无为,反对斗争;提倡道法自然,无所不容,自然无为,与自然和谐相处。

老子与庄子是道家的两位代表人物。老子论"道",首先是世界本原。他说:"道生一、一生二,二生三,三生万物。万物负阴而抱阳,冲气以为和。"老子论"道",对"道"的运动规律做出了最高概括。他说:"反者道之动。"意思是向相反的方向转化是"道"的运动规律。认为正常能转化为反常,善良能转化为邪恶,委曲反能保全,屈枉反能伸直,低下反能充满,少取反能多得。中国传统思维中通常所说的"物极必反",就是对"反者道之动"的通俗表达。老子论"道"的另外一个重要思想是"贵柔"。老子主张柔弱胜刚强,并提出了以静制动、以弱胜强、以柔克刚、以少胜多等政治、军事方面的战略原则。《齐物论》是庄子哲学的核心思想,它是一种齐彼此、齐是非、齐物我的相对主义理论。

6.4 总 结

综上所述,我们追求幸福有各种方法,见表6-1。

表6-1 追求幸福的12种方法

科学式教学法 (2~3年)(主动)	培养专家的艺术式教学法(二) (2~3年)(主动)	哲学式教学法 (适用于文学) (2~3年)(主动)	哲学式心理学 (道家) (2~3年)(被动)
规划式的心理学 (10年)(被动)	培养中小学生或普通人的艺术式教学法(一) (10年)(主动)	哲学式教学法 (适用于哲学) (10年)(主动)	哲学式心理学 (儒家) (10年)(被动)
弗洛伊德心理学 (短时间)(被动)	艺术式心理学 (短时间)(被动)	哲学式教学法 (适用于历史) (短时间)(主动)	哲学式心理学 (佛家) (短时间)(被动)

表6-1中的主动指的是积极主动去追求幸福,这方面指的是教学法,被动指的是遇到问题后才去处理,遇到心里想

不通的才去处理,这方面指的是心理学。另外,科学式心理学一半已知(弗洛伊德心理学)一半未知(规划式心理学),艺术式心理学未知,哲学式心理学已知(佛家、儒家和道家的心理描述部分),以上三者形成一分为三的关系。最后,除了教学法和心理学,直接掌握科学知识、艺术知识和哲学知识(文学、历史、哲学)也能够提高人们的幸福度。

一个人的健康心态有 3 种模式,可以通过不同的教学法和心理学方法获得。

(1)快乐幸福型

科学式教学法

艺术式教学法(二)

哲学式教学法(适用于文学)

道家(乐逍遥)

(2)普通平常型(追求平安)

科学式心理学(一)(规划式心理学)

艺术式教学法(一)

哲学式教学法(适用于哲学)

儒家(比上不足,比下有余)

(3)清静无为型

科学式心理学(二)(弗洛伊德心理学)

艺术式心理学

哲学式教学法(适用于历史,受一个恰当例子的启发,找到解决问题的办法)

佛家(清静无为,无欲,看破,受一个恰当例子的启发,开窍了,从心灵的痛苦中解脱出来)

参 考 文 献

[1] 冯秀强. 杨振宁谈学习方法 [J]. 中学语文, 1996 (12):46.

[2] 张华祝. 早逝的天才数学家: 亨瑞克·阿贝尔 [J]. 国外科技动态, 2003(05):22-25.

[3] 周萍. 钱伟长谈大学生能力的培养 [J]. 中国大学教学, 2008, 215(07):20-22.

[4] 高策. 三个 P 的治学方法: 再评杨振宁科学创造的艺术 [J]. 科学技术与辩证法, 1996(04):16-22.

[5] 李险峰. 探析著名科学家杨振宁的成功之道 [J]. 兰台世界, 2012, 384(34):101-102.

[6] 朱清时. 如何培养创新人才 [J]. 创新人才教育, 2013 (03):10-14.

[7] 邸静, 初一鸣. 从丘城桐教授的一次演讲, 谈培养学习兴趣 [J]. 首都师范大学学报(自然科学版), 2011, 32 (31):66-67.

[8] 一彤. 杨振宁: 渗透性读书法 [J]. 漳州职业大学学报, 2003, 5(01):75.

[9] 老聃. 老子 [M]. 沈阳: 辽宁民族出版社, 1996.

[10] 庄周. 庄子 [M]. 沈阳: 辽宁民族出版社, 1996.